Martin Krengel

30 Minuten für

effizientes Lesen

Bibliografische Information Der Deutschen Bibliothek

Die Deutsche Bibliothek verzeichnet diese Publikation in der Deutschen Nationalbibliografie; detaillierte bibliografische Daten sind im Internet über http://dnb.ddb.de abrufbar.

Wird empfohlen von
N24

Umschlag und Layout: die imprimatur, Hainburg
Lektorat: Friederike Mannsperger, Offenbach
Satz: Zerosoft, Timisoara, Rumänien
Druck und Verarbeitung: Salzland Druck, Staßfurt
Titelbild: © René Schulte, Fotolia.com

2. Auflage 2009

Hinweis:
Das Buch ist sorgfältig erarbeitet worden. Dennoch erfolgen alle Angaben ohne Gewähr. Weder Autor noch Verlag können für eventuelle Nachteile oder Schäden, die aus den im Buch gemachten Hinweisen resultieren, eine Haftung übernehmen.

Printed in Germany

ISBN 978-3-89749-936-2

Abonnieren Sie unseren Newsletter unter:
www.gabal-verlag.de

In 30 Minuten wissen Sie mehr!

Dieses Buch ist so konzipiert, dass Sie in kurzer Zeit prägnante und fundierte Informationen aufnehmen können. Mithilfe eines Leitsystems werden Sie durch das Buch geführt. Es erlaubt Ihnen, innerhalb Ihres persönlichen Zeitkontingents (von 10 bis 30 Minuten) das Wesentliche zu erfassen.

Kurze Lesezeit

In 30 Minuten können Sie das ganze Buch lesen. Wenn Sie weniger Zeit haben, lesen Sie gezielt nur die Stellen, die für Sie wichtige Informationen beinhalten.

- Alle wichtigen Informationen sind blau gedruckt.

- Schlüsselfragen mit Seitenverweisen zu Beginn eines jeden Kapitels erlauben eine schnelle Orientierung: Sie blättern direkt auf die Seite, die Ihre Wissenslücke schließt.

- *Zahlreiche Zusammenfassungen innerhalb der Kapitel erlauben das schnelle Querlesen. Sie sind blau gedruckt und zusätzlich durch ein Uhrsymbol gekennzeichnet, sodass sie leicht zu finden sind.*

Inhalt

Vorwort

Unsere Wissensgesellschaft ist von einem Paradox gekennzeichnet: Die Informationsmenge steigt, doch es wird immer schwieriger, die relevanten Informationen zu filtern. Ein effizientes Aufnehmen und Verarbeiten von Informationen ist aber ein entscheidender Erfolgsfaktor für Studium, Weiterbildung und Berufspraxis. Drei Schlüsselkompetenzen sind gefragt:

1) Schnell einen Überblick zu erlangen,
2) Wissen in Kernaussagen zu verdichten und
3) die Kritikfähigkeit zu steigern (nicht alles ist lesenwert!).

Es kommt nicht nur auf die Menge, sondern vor allem auch auf die Qualität der Informationen an! Deswegen steht hier nicht die enge Sicht der Technik „Lesen", sondern persönliches Informationsmanagement im Vordergrund: Neben Techniken zur Steigerung von Lesegeschwindigkeit, Textverständnis und Erinnerung werden auch die Faktoren Zeitmanagement, Konzentration und Organisation behandelt.

Ich lade Sie ein, Ihrer Lesetechnik neuen Schwung zu geben! Dieses Buch bietet Ihnen in 6 × 5 Minuten zielgenau Abhilfe bei speziellen Leseproblemen. Sie können so punktuell an Ihren persönlichen Schwachstellen ansetzen. Möchten Sie es hingegen komplett durchlesen, ist es empfehlenswert, die „30 Minuten für effizientes Lesen" in 6 kleinere Etappen à 5 Minuten aufzuteilen und jedes Kapitel sofort umzusetzen.

Der Autor

Martin Krengel studierte Wirtschaftswissenschaften an den Universitäten Witten-Herdecke, St. Gallen und UCLA (USA) sowie Sozialpsychologie an der renommierten London School of Economics. Er schloss beide Studiengänge „Mit Auszeichnung“ ab. Als Doktorand, Autor und Referent hält er deutschlandweit Seminare u. a. zu den Themen Zeitmanagement, Lesestrategien und Lernmethoden.

Weiterführende Informationen auf www.studienstrategie.de

Auf www.studienstrategie.de bekommen Sie weitere nützliche Informationen, wie z. B. die Anbieter von Buchzusammenfassungen, Links zu Fremdwörterbüchern und Vokabellisten, die „Lesebox“ – eine Übersicht mit den wichtigsten Lesestrategien zum Ausdrucken – und vieles mehr. Schauen Sie doch gleich mal vorbei!

1. Zeit finden fürs Lesen

! Lesen Sie dieses Kapitel, wenn Sie das Gefühl haben, dass Sie zu wenig Zeit zum Lesen finden und Sie von Informationen überschwemmt werden!

1.1 So schaufeln Sie Zeit im Tagesgeschehen frei

In diesem Kapitel identifizieren Sie Ihre Zeitpotenziale und lernen, die Lesemenge durch Selektion drastisch zu senken.

Machen Sie Lesen zu einer Priorität

Hektik und Stress brechen dann aus, wenn wir uns von kurzfristigen oder sich aufdrängenden Problemen leiten lassen. Denken Sie daran: Dringlichkeit ist nicht gleich Wichtigkeit! E-Mails, unwichtige und kleine Aufgaben können etwas warten – denn es ist das Lesen, das inspiriert, Wissen und Kompetenzen vermittelt und sich so langfristig auszahlt. Es ist Ihre Entscheidung, ob Sie sich mit Kleinkram verzetteln, Texte hin und her schieben oder sich aktiv Zeit nehmen, die Lektüre anzugehen! Also: Räumen Sie dem Lesen eine höhere Priorität in Ihrem Tagsablauf ein!

Der Lesestart in den Arbeitstag

Ein bewährter Trick ist es, sich die (Lese-)Aufgabe abends in die Mitte des aufgeräumten Schreibtisches zu legen. Am nächsten Morgen starten Sie gleich mit dem bereitgelegten Text. Verwenden Sie so die erste Konzentrationsspanne für Ihre Texte und steigen Sie erst nach der Frühstückspause ins operative Tagesgeschehen ein.

Arbeiten Sie antizyklisch, flüchten Sie
Sofern möglich nutzen Sie Ihre Gleitzeit, um Ihren Tagesplan eine Stunde vorzuziehen oder nach hinten zu verlegen: Sie umgehen nicht nur die Rushhour, sondern können vor/nach Dienstbeginn/-schluss störungsärmer lesen. Müssen Sie viele konzentrationsintensive Texte lesen? Versuchen Sie doch einmal, einen Vormittag zu Hause zu arbeiten. Das ist effizienter, als im Bürostress die Konzentration aufbringen zu müssen, und überzeugt so bestimmt auch Ihren Chef.

Geben Sie sich selbst einen Termin
Blocken Sie je nach Bedarf Ihren Outlook-Kalender, indem Sie „abwesend“ oder „Termin“ eintragen. Warum buchen Sie nicht einmal einen Konferenzraum zum Rückzug? Vielleicht zusammen mit einem Kollegen. Dann scheint es, Sie seien im Meeting, während Sie sich tatsächlich ungestört in die Texte vertiefen können.

Schritt für Schritt
Viele haben immer noch die Vorstellung, einen Text gründlich von vorn bis hinten lesen zu müssen und dabei alles 100-prozentig zu verstehen. Klar, dass das extrem zeitintensiv ist und bei einem 50-Seiten-Bericht wie eine Mammut-Aufgabe erscheint. Doch wenn Sie den Text in kleine Etappen aufgliedern, finden Sie leichter immer wieder Zeitlücken dafür und kommen so Schritt für Schritt Ihrem Ziel schneller näher, als wenn Sie auf den „richtigen Moment“ für die Lektüre des ganzen Textes hoffen.

Machen Sie Lesen zu Ihrer Priorität und organisieren Sie dementsprechend Ihren Tagesablauf neu.

1.2 Etablieren Sie Lese-Routinen

Etablierte Routinen sind mächtig, denn Sie brauchen nicht immer neu überlegen, wann, was und wie Sie etwas machen. Durch die Gewohnheit überwinden Sie den Widerstand, überhaupt mit einer Handlung zu beginnen. Reservieren Sie deswegen eine bestimmte Uhrzeit des Tages für Ihre Lese-Routine:

- Morgens: Nur wenige können gut gelaunt und raketenartig beim ersten Weckerklingeln aus den Federn springen. Warum nutzen Sie nicht diese Halbwachphase für die ersten morgendlichen Zeilen, bis Ihr Kreislauf in Schwung kommt?
- Zwischendurch: Ob Frühstücks-, Mittags- oder Kaffeepause – scannen Sie kurz die Tageszeitung oder dehnen Sie diese sozial akzeptierten Pausenzeiten ein wenig aus, um sich im Café um die Ecke abseits vom Tagesstress mit einem Dokument zu beschäftigen, für das Sie im Büro nicht die nötige Ruhe finden.
- Abends: Gehören Sie zu den Menschen, die abends viel über den Tag grübeln und daher schlecht einschlafen? Lesen ist die beste Ablenkung! Es macht nicht nur die Augen schwer, sondern lenkt Ihr Gehirn von den anspannenden und Schlaf verhindernden Gedanken und Sorgen ab.

Wartezeiten sind Lesezeiten!

Ob Pendelverkehr, Arzt oder Warteschlange – man verbringt leicht bis zu zwei Stunden am Tag mit stupiden Wartezeiten! Seien Sie für diese sinnlosen Zeitfresser mit Lektüre gewappnet: Seite für Seite verfliegt die Wartezeit, und Sie werden staunen, wie viel Lesestoff Sie

abarbeiten können, wenn Sie immer „Material“ dabeihaben. Achten Sie darauf, bei verhofften Verspätungen anderer, Staus und Warteschlangen immer einen kleinen Text dabeizuhaben: ein kleines Taschenbuch, ein paar gefaltete A4-Seiten (lange E-Mails, Protokolle etc.), ein kleines Vokabelheft oder die News auf dem Palm.
Leider kann nicht jede unproduktive Situation für das Lesen genutzt werden, z. B. kann man schlecht beim Autofahren oder Gehen lesen. Doch prüfen Sie Ihre Routinen: Sicher ist Autofahren bequemer, aber der Berufsverkehr lässt sich im Bus produktiver nutzen, und gerade bei langen Strecken empfiehlt es sich, den ICE dem Dienstwagen vorzuziehen.

Nutzen Sie konsequent Wartezeiten für Ihre Lektüre und schaffen Sie morgens, mittags oder abends weitere Zeitinseln zum Lesen!

1.3 Leben Sie das „Direkt-Prinzip“

Vielleicht sind Sie nach dem Lesen der ersten Zeilen etwas skeptisch geworden und sagen sich, dass man zwischendurch und in so kurzer Zeit nicht in Ruhe lesen kann. Doch denken Sie daran, dass es hier um Informationsaufnahme geht, nicht um zeilengenaues Lesen. Zeit ist Geld und eine Regel sagt, dass ein heute investierter Euro mehr wert ist als morgen, weil die Zeit für Sie arbeitet. Genauso ist eine heute gelesene Information mehr wert als morgen, denn Sie können diese eventuell schon heute im Meeting oder im Small Talk anbringen oder anderweitig für sich nutzbar machen.

Viele Menschen sind lieber Informationssammler, stapeln die Zeitschriften in ihrer „Höhle“, um sie später mal in Ruhe und gründlich (und damit wahrscheinlich nie) zu lesen. Seien Sie schneller: Scannen Sie kurze Zeitungen sofort durch, lesen Sie die Illustrierte bereits auf dem Heimweg von der Arbeit, verschaffen Sie sich sofort einen Überblick über das Inhaltsverzeichnis und lesen dann gezielt nur ausgewählte Artikel.
Also: Lieber heute grob Informationen aufnehmen und gleich darüber nachdenken und nutzen, als später oder nie veraltete Texte gründlich zu lesen und sich zu ärgern, weil Sie etwas entdecken, dass Ihnen bereits geholfen hätte!

Werden Sie vom Textsammler zum Informationsjäger!

1.4 Trennen Sie die Spreu vom Weizen

Viele Informationen, die wir täglich konsumieren, sind nur „Nice-to-haves“: interessante, aber im individuellen Kontext unbedeutende Dinge. Spüren Sie diese Zeitfresser auf:

- Im Internet sind immer mehr Informationen zu finden, doch welche davon sind wirklich glaubwürdig?
- Zeitschriften bieten Informationen auf einem hohen Unterhaltungsniveau. Doch interessieren Sie diese bunt bebilderten Artikel wirklich?
- Tageszeitungen berichten täglich kleinlichst, welchen Satz welcher Politiker zu wem gesagt hat. Doch sind diese ganzen Details für Ihre tägliche Arbeit wichtig?

Lesen Sie selektiv
Nehmen Sie sich die Freiheit, nur die Stellen in einem Text zu lesen, die wirklich interessant, unterhaltsam und/oder wichtig sind. Lassen Sie allen Ballast beiseite! Sortieren Sie z. B. von vornherein bestimmte Beilagen Ihrer Tageszeitung aus – warum sollten Sie das Feuilleton oder den Immobilienmarkt überhaupt durchblättern, wenn es Sie nicht interessiert? Bei Zeitschriften könnten Sie z. B. nur das Inhaltsverzeichnis lesen und entscheiden, welche zwei bis drei Artikel Sie tatsächlich lesen, und dann gezielt auf diese Seiten springen. Sie vermeiden so die zahlreichen Blickfänge – Werbung oder reißerisch aufgemachte, aber inhaltsarme Artikel. Konzentrieren Sie sich bei Büchern auf die Teile des Buches, in denen Sie 60-80 % der für Sie interessanten Infos vermuten, und überfliegen Sie den Rest nur oberflächlich.
Sie müssen jedoch nicht immer alles so stark selektiv lesen: Immer dann, wenn die Sache wirklich wichtig ist und auch Details zählen, dann ist dies sicher nicht die richtige Strategie. Wenden Sie dennoch die Schichtenmethode (Kapitel 5) an, nach der Sie zuerst selektiv, dann aber immer tiefer in den Text einsteigen. Frei von jeder Regel dagegen sind Bücher, die Sie zu reiner Freude lesen: Klassiker oder Bücher, deren Autor oder Schreibweise Sie fesselnd finden.

Passen Sie die Lesestrategie Ihrem Ziel an
Ihre Lesestrategie sollte dem jeweiligen Zweck des Lesens entsprechen. Hier sind einige Beispiele:

Leseziel	Strategie / Organisation des Lesens
Weiterbildung (fachlich)	Der Lesestoff ist oft komplex und für Ihre Karriere wichtig. Widmen Sie ihm daher vollste Aufmerksamkeit und sorgen Sie für optimale Konzentration und Lesebedingungen (Kapitel 2).
Weiterbildung (persönlich)	Für persönliches Lernen benötigen Sie Zeit und Muße. Lesen Sie beispielsweise Ratgeber möglichst abends und in kleinen Etappen. So können Sie gleich morgens mit der Umsetzung beginnen. Wenn Sie alles auf einmal lesen und dann erst starten, sind Sie womöglich gelähmt von der Fülle gut gemeinter Tipps. Konzentrieren Sie sich auf aktuelle Problemfelder!
Information (Aktuelles)	Nachrichten sind nach wenigen Tagen veraltet und eigentlich wertlos. Werfen Sie Altes zeitnah weg und kaufen Sie lieber Aktuelles mit den entsprechenden „Updates". Oder steigen Sie auf Wochenzeitungen um: Sie zeigen mehr Zusammenhänge, lassen Tagesdetails aus und sind damit länger „haltbar".
Referenz	Man beschafft sich gern dicke Standardwerke, die ständig mit ihrem Umfang drohend daran erinnern, dass sie ungelesen sind. Doch solche „Brocken"sind schwer verdaulich! Sehen Sie diese Bücher als Nachschlagewerke. Bewahren Sie diese und andere Referenzbücher (Fremdwörterbücher, Lexika) in Griffnähe zu Ihrem Arbeitsplatz auf.
Unterhaltung	Hier kommt es nicht auf die Geschwindigkeit an, Sie können sich endlich mal entspannen. Haben Sie die Literatur überall dort, wo Ihnen das Lesen am leichtesten fällt: an Ihrem Bett, neben dem Sofa oder auf der Sonnenterrasse.

Fragen Sie sich, welche Texte und Textpassagen für Sie wirklich von Bedeutung sind. Beschränken Sie sich beim Lesen auf das Wesentliche und Sie werden in Summe mehr Informationen verarbeiten können, weil Ihnen keine Details mehr im Wege stehen.

1.5 Nutzen Sie Alternativen zum Lesen

Fassen wir das Lesen allgemein als „Informationsmanagement“ auf, so bieten sich einige Möglichkeiten, den Unterhaltungswert und die Informationen, die wir uns normalerweise durch das Lesen erschließen, auch auf anderen Wegen zu erhalten:

Hörbücher
können Sie jederzeit hören, egal ob am Steuer oder beim Fitnesstraining. Nutzen Sie Podcasts und laden Sie News, Magazinsendungen oder gar kostenlose Sprachkurse auf Ihr Ohr! Viele Zeitschriften bieten Hörartikel an – prüfen Sie einfach mal die Webseiten Ihrer Lieblingszeitungen!

Eine Diskussion
ist oft besser zur Meinungsbildung geeignet als reines Lesen. Durch das Gespräch werden andere Sinne angesprochen, die Interaktivität führt zu tieferer Reflexion und neuen Einsichten. Geht es also eher um das Verarbeiten und Behalten von Informationen, sind Gedanken klärende Diskussionen mit Kollegen, dem Partner oder der Lerngruppe nur zu empfehlen.

Andere Medien
führen mitunter schneller zum Ziel als die, die Sie bisher genutzt haben. Wollen Sie auf dem neusten Stand sein, reichen vielleicht auch die „Tagesschau“ oder Radionachrichten; suchen Sie eine bestimmte Information, sind Sie viel schneller bei Google bedient als in der Bibliothek.

Verdichtung

Manche Zeitungen und Bücher sind zu ausführlich und ungeeignet, wenn man sich einen schnellen Überblick verschaffen will. Ersetzen Sie dann detailorientierte durch komprimierte Medien, lesen Sie z. B. statt der „Welt" die „Welt Kompakt" (und lesen lieber ausführlich ein Wochenmagazin oder die Sonntagszeitung), statt des „Spiegels" den „Spiegel Online" und statt eines langatmigen Buchs ein auf den Punkt gebrachtes. Sie gewinnen dadurch Zeit für andere Texte, To-dos oder den täglichen Unterhaltungs-Schmöker!

Es muss nicht immer gleich ein schwieriger Text sein. Viele andere Medien wie Internet, Hörbücher und Fernsehen bieten ebenfalls passende Informationen.

☞Zwischenstopp: Meine Ziele für effizientes Lesen

Welche Maßnahmen werden Sie in den nächsten 24 Stunden beginnen, um mehr Zeit fürs Lesen zu gewinnen?

____

____

____

2. Die Konzentration steigern

! Lesen Sie dieses Kapitel, um Ihre Energie besser zu nutzen, Ihre Konzentrationsspannen zu erweitern und um das Lesen so effizienter zu machen!

2.1 Motivation und „Flow" schaffen

Haben Sie einmal beobachtet, wann Ihnen Konzentration und Aufmerksamkeit leichtfallen? Das kann z. B. beim Spiel mit Ihren Kindern, beim Fernsehen, einem spannenden Vortrag oder beim Lesen eines Thrillers sein. Solche Aktivitäten machen Spaß, weil sie uns vertraut sind und uns im richtigen Maß fordern. Wenn wir von einer Aufgabe ganz in Anspruch genommen werden, sind unsere Sinne ganz darauf eingestellt – wir erleben die Tätigkeit intensiver. Die Arbeit geht uns leicht von der Hand. Wir erleben sogenannte „Flow-Momente", in denen es nur so „fließt".

Diese Flow-Momente sind inzwischen wissenschaftlich gut erforscht. Ihre klare Botschaft lautet: Suchen Sie sich immer wieder neue Herausforderungen, die Sie durch konkrete Ziele näher definieren. Beschränken Sie die Zeit, um die Herausforderung zu steigern, schneller in Schwung zu kommen und etwas Druck aufzubauen. Auch beim Lesen können solche Flow-Erlebnisse entstehen: Denken Sie an die Momente, in denen Sie in einen Thriller vertieft waren oder ein Fachbuch so interessant fanden, dass Sie die Uhrzeit ganz vergessen hatten. Doch der Lese-Flow kommt nur dann zustande, wenn der Text interessant und anspruchsvoll ist. Das heißt, zwei Abweichungen stören den Lese-Fluss: Unterforderung oder Überforderung.

Unterforderung

Unterfordert sind wir immer dann, wenn wir einen guten Überblick über das Thema haben und das Verständnis kein Problem ist. Das ist zum Beispiel bei den meisten Zeitschriften und Magazinen der Fall, die für ein breites Publikum geschrieben sind und selbst einfache Dinge immer wieder erklären. Aber auch beim 25. Fachartikel, den Sie für Ihre Promotion lesen, wird Ihnen das Thema sonnenklar geworden sein und Sie kennen die meisten Begriffe, sodass Sie den Text schnell einordnen und bereits beim Lesen kritisch evaluieren können.

Unterforderung tritt auch dann auf, wenn Sie wiederholt mit den gleichen Texten zu tun haben: Sie kennen dann den Aufbau und die rhetorischen Elemente dieser Texte.

Überforderung

Texte sind hingegen immer dann schwer zu verstehen, wenn sie mehr Informationen beinhalten, als wir innerhalb der Lesezeit im Kurzzeitgedächtnis verarbeiten können. Das Verständnis ist erschwert, weil wir die vielen neuen Informationen noch nicht eingeordnet und verarbeitet haben. Solche Situationen treten immer dann auf, wenn Sie sich in ein neues Themengebiet einarbeiten müssen – und weder das Fachgebiet strukturieren noch die Details verstehen können. Kurzzeitige Überforderung tritt auch leicht auf, wenn Sie aus mehreren, teilweise widersprüchlichen Quellen einen eigenen Standpunkt entwickeln müssen: zum Beispiel für eine Präsentation oder einen Artikel, den Sie schreiben wollen.

Finden Sie den Mittelweg!

Die Kunst besteht nun darin, einen Mittelweg zwischen diesen beiden Polen zu finden. Sind Sie unterfordert, müssen Sie die Anforderung steigern. Erhöhen Sie die aufgenommene Informationsmenge mit den Techniken des Speed Readings (Kapitel 3) und/ oder begrenzen Sie die Zeit drastisch, die Sie sich zum Lesen eines Textes geben. Somit verknappen Sie die bereitgestellten Denkressourcen und erhöhen die Effizienz, weil Sie sich zwingen, mehr Informationen in derselben Zeit aufzunehmen.

Wenden Sie genau die gegenteilige Strategie an, wenn Sie sich überfordert fühlen: Zerlegen Sie die komplexe Aufgabe in mehrere Lesestufen (Kapitel 5) und passen Sie die Lesestrategie Ihrer Tagesform an. Lesen Sie an einem schlechten Tag z. B. nur die Passagen, die Sie verstehen, und markieren die schwierigen Lesestellen mit einem Bleistift zum späteren Lesen. Suchen Sie aktive Verarbeitung und Abwechslung, um den zähen Stoff leichter verdaulich zu machen. Unterstützen kann Sie dabei der Wechsel der Medien: Nehmen Sie ein leichteres Buch, suchen Sie eine Erklärung der Fachwörter im Internet und fragen Sie Fachleute um Rat.

Die Kunst liegt in der Balance! Ist die Lese-Aufgabe zu einfach, langweilen wir uns und verlieren die Motivation. Ist die Herausforderung zu hoch, übersteigen die neuen Informationen unsere Aufnahmekapazität. Durch ein Straffen oder Entzerren der Lesemenge kann man sich immer wieder in den Lese-Flow navigieren.

2.2 Mit aufgeladenen Akkus lesen

Konzentrationsprobleme beruhen oft nicht auf der Schwierigkeit des Textes, sondern entstehen aufgrund mangelnder Energie. Die Aufmerksamkeit, Konzentrationsfähigkeit, aber auch die Motivation schwanken im Laufe des Tages und sind eng verknüpft mit unserem individuellen Biorhythmus.

Die beste Zeit des Tages

Man kann allgemein Morgen- und Abendmenschen unterscheiden. Morgenmenschen haben weniger Probleme mit dem Aufstehen und sind vormittags zwischen zehn und zwölf Uhr am fittesten. Dies ist ihre „Primetime", in der sie am meisten schaffen und in der sie sich am besten konzentrieren können. In der Mittagspause fällt ihr Energieniveau stark ab, um am zeitigen Nachmittag Schwung für ein zweites Hoch zu nehmen. Am Abend wird die Energiekurve wieder flacher. Abendmenschen kommen morgens dagegen nur schwer aus den Federn und starten den Tag niedrig energetisiert. Ihr Hoch befindet sich am Nachmittag bzw. am Abend. Ihre Hoch- und Tiefphasen sind meist flacher ausgeprägt als bei Morgenmenschen, d. h., sie können weniger gut sagen, wann ihre beste „Produktionszeit" ist. Sie sind mitunter bereits vormittags in der Lage, gute Leistungen zu erbringen. Neben diesen beiden Typen gibt es natürlich Mischformen.

Viele Menschen orientieren sich nicht an ihrem Biorhythmus und versuchen konzentrationsintensive Dinge nach der Mittagspause zu erledigen, wenn der

Magen die meisten Ressourcen beansprucht. Sie erledigen E-Mails und kleinere Organisationsaufgaben vormittags, um dann am Nachmittag die lese- und denkintensiven Aufgaben mangels Konzentration immer weiter aufzuschieben. Seien Sie schlauer und reservieren Ihre Hochphasen für denkerische Hochleistungen! Dann können Sie die Texte auch wirklich aktiv, zielorientiert und zügig durchlesen. Sie sind dann in der Lage, eine vielfache Informationsmenge zu bewältigen.

Die Wichtigkeit von Pausen

Neben den Hauptphasen schwankt unser Biorhythmus wellenförmig im ca. 90-Minuten-Rhythmus und ist durch Aufwärts-, Hoch-, Abwärts- und Tiefphasen gekennzeichnet. Wenn Sie viel gähnen müssen, Hunger oder Durst verspüren, leichter ablenkbar sind und sich nur noch schwer konzentrieren können, dann haben Sie ein solches Tief erreicht. Lockern Sie sich, essen Sie etwas, erledigen Sie Routineaufgaben, sortieren Sie Ihre Unterlagen oder klären Sie kurz eine Sache mit Ihren Kollegen ab.

Wenn Sie in Ihren Pausen etwas Auflockerndes, aber dennoch Produktives machen, können Sie sich in Ihren Konzentrationsphasen aus dem Tagesgeschehen weitestgehend zurückziehen.

Mini-Schlaf

Leider gibt es im Arbeitsleben viel zu wenige Möglichkeiten zum Rückzug. Dabei könnte ein Kurzschlaf die Produktivität stark steigern. Wenn man das Tief „aus-

lebt“ und sich wirklich ausruht, ist man nicht nur entspannter, sondern das nachfolgende Hoch fällt auch ausgeprägter aus.
Wenn immer Sie können, nutzen Sie die Gelegenheit für einen 12-20 Minuten dauernden Mini-Schlaf (das entspricht ungefähr der ersten Schlafphase). Das kann zu Hause, im parkenden Auto oder in der Bibliothek sein.

Die Konzentration zusätzlich erhöhen

Unsere Konzentrationsspanne ist begrenzt. Für wenig komplexe Tätigkeiten dauert sie 90-120 Minuten, für wirklich denkintensive Aufgaben und für das „Dranbleiben am Stück“ ist die Hochleistungsphase auf 30-45 Minuten begrenzt. Dann wird man unruhig, schweift ab und ertappt sich beim Tagträumen. In gewisser Weise nimmt sich so das Gehirn die Zeit, die es braucht, um die Informationen zu verarbeiten. Helfen Sie ihm dabei, indem Sie es nicht krampfhaft zwingen, weiterzulesen, sondern wechseln Sie die Tätigkeit. Machen Sie etwas Lebhafteres, Aktiveres: Fassen Sie das Gelesene zusammen, visualisieren Sie, diskutieren Sie innerlich darüber. Blättern Sie ein wenig im Buch vor und zurück. Lesen Sie all die Stellen, die Ihnen ins Auge springen. So schaffen Sie Anknüpfungspunkte für das spätere Lesen. Gut wären auch Lockerungsübungen und ein Wechsel der Haltung.

Nutzen Sie öfter kurze Entspannungspausen: Machen Sie einen Mini-Schlaf, ein wenig Sport oder probieren Sie Entspannungsmethoden aus.

Im Fokus: Kreisende Gedanken

Ärger mit Kunden, Chefs, Kollegen, Streit mit dem Partner oder andere aktuelle Probleme beinträchtigen die Aufmerksamkeit beim Lesen. Folgende Maßnahmen helfen:

1. **Klären:** Gibt es eine Möglichkeit, den inneren Konflikt gleich aus der Welt zu räumen?
2. **Auspowern:** Vielleicht ist jetzt eine Pause angesagt. Gehen Sie joggen, powern Sie sich aus.
3. **Aussprechen:** Machen Sie Ihrem Ärger Luft oder teilen Sie Ihren Kummer. Wenn es Ihnen besser geht, geht es zurück an den Text.
4. **Strategie entwickeln:** Analysieren Sie schriftlich: Was ist das Problem? Was kann ich tun? Wann? Was muss man nun akzeptieren? Nun haben Sie Ihre Gedanken eingefangen und geordnet und so Platz für Neues geschaffen.
5. **Leid teilen:** Wenn Sie Überstunden mit dem Lesestoff schieben, denken Sie an die Freunde und Kollegen, die auch eine Sonderschicht im Büro oder der Bibliothek machen. Das beruhigt.
6. **Positiv denken:** Fokussieren Sie auf den Erfolg durch das Lesen des Textes oder auf eine Belohnung danach.

2.3 Auf optimale Rahmenbedingungen achten

Effizienzfaktor Körperhaltung

Manche Schreibtischtäter liegen oder hängen eher an ihrem Schreibtisch, dabei ist eine aktive, dem Körper Aufmerksamkeit signalisierende Sitzhaltung optimal. Denken Sie an einen Tiger, der gespannt und jederzeit bereit zum Sprung seine Beute im Blick hat!

Licht

Eine gute Beleuchtung aktiviert Wachheitshormone, stärkt die Kontraste und macht das Erkennen von

Buchstaben leichter. Das Licht sollte von vorn auf das Papier fallen, Schatten irritieren. Sorgen Sie für eine gute Grundhelligkeit sowie eine gezielte Schreibtischbeleuchtung. Wägen Sie ab, ob Sie vor dem Fenster sitzen möchten: Natürliches Licht und ein wenig „Weitblick“ sind angenehm. Bei zu viel Bewegung vorm Fenster steht der Schreibtisch allerdings besser an der Wand.

Bürostuhl

Unbequem, wackelig, unflexibel, zu hoch, zu tief – ein unpassender Bürostuhl lenkt ab oder ermüdet die Knochen. Investieren Sie lieber in einen guten Stuhl, in dem Sie sich richtig wohlfühlen.

Ablenkung ablenken

Achten Sie darauf, dass nichts Sie vom Lesen ablenkt! So sollten Sie vermeiden, dass zu viele Sachen in Ihrem Arbeitsbereich herumliegen. Auch Pseudo-Aufgaben wie Bleistifte spitzen, Unterlagen abheften usw. verlocken nur zum Abschweifen! Schirmen Sie sich ab, indem Sie Ihr Handy ausschalten, offline gehen und eine „Nicht-stören“-Notiz an Ihre Bürotür hängen. Oder flüchten Sie aus Ihrem turbulenten Umfeld in einen Konferenzraum, in ein Café oder eine Bibliothek oder auf den Dachboden!

Schaffen Sie sich eine energetisierende und ablenkungsarme Leseumgebung!

So planen Sie eine Power-Lese-Session

1. **Schaffen Sie optimale Rahmenbedingungen**
   Schirmen Sie sich eine Stunde lang ab. Prüfen Sie, ob Sie wirklich motiviert und zum Lesen bereit sind. Haben Sie den Kopf frei und genügend Energie? Sind alle Materialien griffbereit?
2. **Bestimmen Sie ein klares Leseziel**
   Was wissen Sie bereits über Text und Autor? Aus welchem Hintergrund lesen Sie? Was wollen Sie konkret aus dem Artikel herausholen? Halten Sie das in ein paar Notizen fest.
3. **Passen Sie die Herausforderung an**
   Ein Text darf weder zu leicht noch zu schwer sein, um einen optimalen Lesefluss zu erreichen. Straffen Sie daher einfache Texte und zerlegen Sie zähes Material in mehrere Etappen und Schichten.
4. **Variieren Sie Ihre Leseart**
   Durch die Variation der Leseart gestalten Sie das Lesen lebendiger und abwechslungsreicher. Die Konzentration bleibt länger erhalten. Springen Sie ruhig innerhalb des Textes und variieren Sie: Überblick verschaffen, lesen, zusammenfassen, notieren.
5. **Halten Sie das Ergebnis fest**
   Beenden Sie die Lektüre nie, ohne kurz in Gedanken oder besser auf Papier festzuhalten, was Sie gelernt haben und nun konkret umsetzen wollen.

3. Schneller lesen („Speed Reading“)

! Lesen Sie dieses Kapitel, um hinderliche Lesegewohnheiten abzulegen und um Ihre Lesegeschwindigkeit zu steigern.

3.1 Bremsklotz: Linearität

Während wir im Fernsehen fröhlich draufloszappen oder uns kreuz und quer durch Internetseiten klicken, ist in vielen Menschen die Vorstellung verankert, man müsse einen Text von vorn bis hinten komplett durchlesen. Dabei sind nicht alle Texte linear oder didaktisch aufeinander folgend aufgebaut, wie z. B. Sachbücher oder Zeitschriften. Fühlen Sie sich frei, auch solche Texte querzulesen und bei den spannendsten und interessantesten Stellen zu beginnen.
Wenn Sie Texte derart „nach Laune“ lesen, klingt das vielleicht etwas chaotisch, doch in Wahrheit verschaffen Sie sich durch das Blättern Orientierung im Text und lesen die Stellen zuerst, die Anknüpfungspunkte zu Ihrem Vorwissen und Interesse bieten. Also keine Hemmungen: Beginnen Sie in der Mitte eines Buches, lesen Sie dann aufgeworfene Fragen gezielt nach und springen Sie innerhalb der Texte. Sie arbeiten so abwechslungsreicher und motivierter. Sie können auch mit dem Schluss beginnen oder zuerst die Zusammenfassung lesen. So haben Sie einen besseren Überblick.

Man muss nicht linear lesen. Für Aufmerksamkeit und Verständnis sind Sprünge oft vorteilhafter.

3.2 Bremsklotz: Detailorientierung/ Regressionen

Gewöhnlich springt der Leser viel zu oft zurück, um einen Satz zu verstehen. Dies nennt man Regression. Vielleicht ist ein Verständnis aber noch gar nicht möglich, weil weitere Informationen und ein Gesamtverständnis fehlen, die sich erst in den folgenden Textpassagen erschließen. Schwierige Aussagen werden in der Regel ohnehin noch einmal mit anderen Worten wiederholt.

Neben der Regression bremst uns die Detailverliebtheit: Man liest den gesamten Text mit derselben Intensität, egal ob es sich um Schlüsselinformationen oder Beiläufiges handelt. Wir halten uns zu lange an unwichtigen und zeitraubenden Details auf, die überdies auch noch den Blick für das „große Ganze" versperren.

Selbst beim großzügigen Überspringen von Textpassagen bekommt man durch Schlüsselwörter, Überschriften und das selektive intensivere Lesen noch genügend Informationen mit, die sich puzzleartig zu einem Gesamtbild verdichten. Ein grober Überblick über den Text reicht schon aus, um die Kernaussage und einen Großteil der Konzepte zu verstehen. Ein Wort-für-Wort-Verstehen ist oft nur in wenigen Abschnitten oder in einer späteren Lesephase (Kapitel 5) vonnöten.

Lesen Sie vorwärts, springen Sie nicht zurück.

3.3 Bremsklotz: Mitsprechen

Als Kind haben wir lesen gelernt, indem wir Wörter einzeln mitsprachen. Viele haben diese „Stützräder“ des Mitsprechens nie abgelegt. Die Lippenbewegungen bremsen allerdings unsere Lesegeschwindigkeit auf durchschnittlich 250-300 Wörter pro Minute herunter. Das Gelesene wird mechanisch auf die Lippen übertragen, die sich aber nur mit einer begrenzten Geschwindigkeit bewegen können.

Fahren Sie ab heute freihändig! Sprechen Sie nur Schlüsselwörter leise aus, nicht den ganzen Satz! Hilfreich ist es, sich anfangs beim Lesen jeder Zeile (mit jedem Blicksprung) leise „eins, zwei, drei“ vorzusprechen. Sie können dann die gelesenen Wörter nicht mitsprechen – verstehen werden Sie sie dennoch!

Natürlich gibt es Situationen, in denen das Aussprechen Vorteile bringt: Beim Lesen von fremdsprachlichen Texten, beim Lernen oder Vokabel-Pauken. Für durchschnittlich schwierige Texte brauchen Sie aber diese Angewohnheit nicht mehr.

Vertrauen Sie auf Ihre Augen – akzentuieren Sie nur wenige Wörter.

3.4 Tempo machen: Blickspanne erweitern

Legen wir nun weitere angezogene Bremsklötze ab: Die ständigen Fixierungen auf einzelne Wörter. Beim schnelleren Gleiten durch die Zeilen wird das Gehirn

ständig angeregt und bleibt immer konzentriert. Das erklärt, warum beim Schnell-Lesen der Verständnisgrad höher als beim Langsam-Lesen ist. Springt man dagegen von einem Wort zum anderen, schweifen die Gedanken ab und früher oder später fragt man sich: „Hoppla! Wo war ich gerade mit der Lektüre?"
Die Illustration zeigt eindeutig: Wir kommen schneller voran, wenn wir versuchen, 2-4 Wörter gleichzeitig mit unserem Blick zu erfassen und somit die Zahl der Fixierungen auf durchschnittlich 2-3 pro Zeile zu verringern!

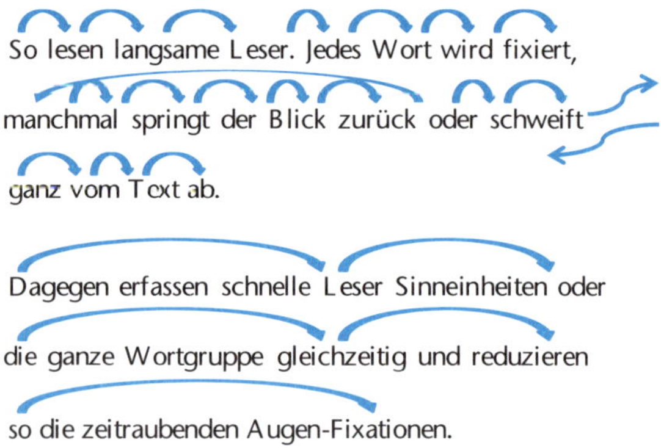

Das Auge ist fähig, ca. 4 Wörter (8 cm) mit einem Blick zu erfassen. Versuchen Sie entspannt auf das Papier zu schauen, ja regelrecht hindurchzusehen.

3.5 Tempo machen: Füllwörter und Gestalten

Beim Führen der Augen von einem Wort zum anderen verlieren wir unnötig Zeit für die Fixierung von Wörtern, die wir schon tausend Mal gesehen haben. Texte bestehen zur Hälfte nur aus „Verpackung". Wir können diese Wörter überspringen, ohne sie kognitiv verarbeiten zu müssen. Vertrauen Sie Ihrem Kurzzeitgedächtnis und sausen Sie über Satzbauelemente (und, oder, der, die, das), Füllwörter (sowie, etwas), Verbindungsfloskeln („Darüber hinaus ...") oder bekannte, einfache Wörter (ja, nein, nicht) einfach hinweg. Ihr Gehirn wird diese Informationen automatisch ergänzen.

Viele Wörter können wir auch blitzschnell erfassen, indem wir nicht mehr einzelne Buchstaben wahrnehmen, sondern das Wort als Ganzes. Meist reichen schon wenige Merkmale eines Wortes aus, um es eindeutig zu charakterisieren: Die ersten Buchstaben, die Wortlänge sowie Ober- und Unterstriche verleihen dem Wort ein eindeutiges „Gedächtnisbild", sodass wir es identifizieren können, ohne jeden Buchstaben einzeln zu betrachten. Achten Sie auf diese Charakteristika:

- **Unterstriche:** genug, jagen, plapppern
- **Oberstriche:** treten, Paul, Krankenkasse
- **Kurze Wörter:** ja, nein, kurz, stark
- **Lange Wörter:** Zusammenfassung, Briefwechsel

Richten Sie Ihren Blick beim Überfliegen stärker auf die Oberhälfte der Wörter, denn es gilt:

Antizipation

Ein weiterer Lesebeschleuniger ist die Antizipation von Wörtern und Sätzen: Versuchen Sie in Gedanken schon vorherzusagen, was der Autor sagen möchte bzw. wie der Satz zu Ende geht. Oft deuten Satzeinleitungen auf Offensichtliches hin:

- „Anhand dieses Beispiels ...“
- „Das führt dazu, dass ...“

Ihr Lesen dient dann nicht mehr dem Erschließen, sondern dem Bestätigen von Informationen.

Vergessen Sie das Denken nicht! Oftmals kann man sich den Rest eines (Ab-)Satzes bereits denken, ohne ihn zu Ende lesen zu müssen.

3.7 Die Überflieger: Skimming & Scanning

Skimming: Schneller Einblick in den Text

Das Ziel des „Skimmens“ ist es, sich schnell durch den Text zu bewegen und einen groben Überblick über die Inhalte zu bekommen. Im gewissen Sinn erstellen Sie durch das Skimmen eine „Landkarte“ des Textgebietes, ohne es wirklich tief durchdrungen zu haben. Achten Sie beim Skimmen auf Signal- und Schlüsselwörter:

- Wer? Wo? = Namen und Orte: die Protagonisten
- Was? = Objekte; Fakten; Statistiken
- Wann? = Uhrzeiten, Daten
- Was wird gemacht? = Verben verbinden das Subjekt und das Objekt und stehen dabei immer im Mittelpunkt des Satzes. Verben sind der Schlüssel zu einer Handlung. Sie verraten uns, was geschehen ist.

Scanning: Das gezielte Suchen von Informationen

Das Scannen erlaubt es, schnell bestimmte Informationen und Schlüsselwörter zu finden. Statt eine Landkarte im Kopf anzufertigen, sucht man hier gezielt nach Informationen im Text. Sie können das Scannen dadurch erleichtern, indem Sie die im Buch vorhandenen Wegweiser (Inhaltsverzeichnis, Glossar und Stichwortverzeichnis) nutzen. Anhand der Buchstruktur können Sie sich auch erschließen, in welchem Teil Ihr Thema behandelt wird. Ansonsten sprechen Sie sich ein Schlüsselwort immer wieder vor, wenn Sie über die Zeilen fliegen, um es zu suchen.

Textskimm- und -scanarten

Ob Scannen oder Skimmen, folgende Augenbewegungen führen Sie systematisch durch den Text:

	**Einzeiliger Scan** Diese recht langsame Technik löst sich von der Bedeutung der Wörter und sucht die Gestalten von gewissen Schlüsselwörtern. Wie bei den folgenden Techniken kann hierbei ein Bleistift die Blickführung unterstützen.
	**Zweizeiliger Scan/ 2-Zeilen-Scan** Bei dieser Technik erfassen Sie zwei Zeilen mit einem Blick. Denken Sie an Musiker, die ebenso zwei Notenzeilen gleichzeitig zu sehen gelernt haben. Variation: Lesen Sie nur die ersten zwei Zeilen eines Absatzes, da stecken in der Regel schon die meisten Informationen drin.
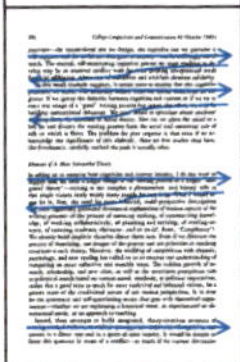	**Paragrafenflieger** Der Paragrafenflieger ist ähnlich dem zweizeiligen Scan, nur liest man zusätzlich beim Zurückspringen zwei weitere Zeilen rückwärts. Bei genügend großem Tempo stört das den Lesefluss gar nicht, weil das Gehirn ein paar Sekunden braucht, bis es die Informationen interpretiert hat.

	**Schlingen** Die Schlingenbewegung hilft, sich von einzelnen Wörtern zu lösen, und bricht mit der Geradlinigkeit der Zeilen. Sie nutzen Ihr gesamtes Blickfeld, um Informationen beiläufig mit aufzunehmen.
	**Das Fragezeichen** Das Fragezeichen ist die schnellste und gröbste Skimmtechnik, die beim Überfliegen Zwischenüberschriften und Schlüsselwörter „mitnimmt“ und einen ersten Eindruck von der Struktur des Textes vermittelt. Diese Technik macht das Auge auch mit dem Layout vertraut.

Die Checkliste auf der nächsten Seite hilft Ihnen, Ihre Fortschritte in der Lesetechnik Speed Reading zu überprüfen.

Checkliste Speed Reading

Wie viele Punkte treffen schon auf Sie zu?
Wiederholen Sie den Test in 2 Wochen!

- Ich beginne den Text an der interessantesten Stelle ☐
- Ich vertraue meinen Augen und springe nur sehr selten zurück ☐
- Ich spreche nur noch Schlüsselwörter innerlich mit ☐
- Ich erfasse mit einem Blick 2-4 Wörter und erfasse Sinneinheiten, keine Einzelwörter ☐
- Ich denke voraus, wenn ich Texte lese ☐
- Ich nutze Textskimmtechniken, um mir einen allgemeinen Überblick zu verschaffen ☐
- Ich suche gezielt Informationen im Text durch Textscans ☐

4. Matrix-Blick: Texte dechiffrieren

! Lesen Sie dieses Kapitel, um Ihr Textverständnis zu steigern, schneller durch den Text zu kommen und um kritischer mit dem Text umzugehen.

4.1 Mit Matrix-Lesen zum Durchblick

Wie oft haben Sie schon schwierige Texte gewälzt, nur um dann festzustellen, dass die Inhalte Sie nicht weitergebracht haben? Um das zu vermeiden, habe ich die Technik des Matrix-Lesens entwickelt. Der Name ist dem Kinofilm „The Matrix“ entlehnt – dort war der Hauptdarsteller in der Lage, das System komplett zu durchschauen und den nächsten Schritt des Gegners zu antizipieren. Ebenso sollten Sie versuchen, die Textstruktur zu dechiffrieren, vorherzusagen, wie bestimmte Abschnitte weitergehen, und sich überlegen, was der Autor mit bestimmten Textstellen bezweckt. Mit dieser Methode können Sie schneller lesen und sogar mehr verstehen, ohne dass Sie gehetzt über die Zeilen fliegen müssen.
Um die Struktur eines Textes besser zu verstehen, betrachten wir ihn zunächst aus der Perspektive des Schreibers. Dieser muss bei jedem Satz neu entscheiden, welche Informationen er vermittelt. Ideale Texte folgen dabei der goldenen Schreibregel: „Jeder Satz ein Gedanke, jeder Abschnitt ein Gedankengang und jedes Kapitel eine Sinneinheit.“
Diese Regel deutet auf eine wichtige Unterscheidung hin: Ein Satz ist nur eine Hülle, die Informationen trägt. Es gibt verschiedene Arten dieser Informationshüllen, die unterschiedliche Funktionen haben. Diese Zeilen zum Beispiel haben die Funktion „Erklärung“. Doch ich hätte

als Autor ganz andere Wörter verwenden können: komplizierte, metaphorische, flapsige. Diese Trennung von Funktion und Inhalt erleichtert das Lesen ungemein.

Die Vorteile des Matrix-Lesens
Durch das Matrix-Lesen werden zwei grundlegende Bedürfnisse des Lesers erfüllt: schnelleres Lesen und leichteres Verständnis.
Matrix-Lesen als nichtlineare Lesetechnik springt von einem Textelement zum nächsten, saugt die wichtigsten Informationen und Wörter auf und enttarnt die Argumentationslinie des Textes. Es ermöglicht ein schnelles, überblickartiges Durchlesen des gesamten Textes. Es erfordert aber viel Aktivität, da Sie als Leser durch Antizipation und Imagination die Textteile ergänzen müssen. Dadurch denken Sie mehr mit (höhere Erinnerung durch Eigenleistung) und können schneller im Text weiterspringen.
Sie „zoomen“ beim Lesen heraus:
- Was ist die Kernaussage des Satzes?
- Was ist die Kernaussage des Absatzes?
- Welche Schlüsselinformationen will mir dieser Abschnitt vermitteln?

Sobald Sie diese Fragen beantwortet haben, können Sie zum nächsten Textelement springen, ohne die restlichen Details zwingend verarbeiten zu müssen.
Konzentrieren Sie sich durch Matrix-Lesen auf das Wesentliche: Unterscheiden Sie Wichtiges von Unwichtigem und überspringen Sie ganze Passagen ohne bemerkenswerte Informationsverluste. Beurteilen Sie anhand der Funktion des (Ab-)Satzes, ob dieser für

das Gesamtverständnis von Bedeutung ist: Hat der Schreiber einen Sachverhalt nur ungünstig formuliert und Ihnen ist eigentlich klar, dass dieser Aspekt nicht weiter wichtig ist, überspringen Sie die Passage. Quälen Sie sich nicht unnötig! Denken Sie daran: Viele Texte sind „überdetailliert“ oder führen literarischen Ballast mit sich. Trennen Sie den dicken roten Faden vom darumgewickelten Seemannsgarn.

Durch dieses „sinnentziffernde“ Lesen („Dechiffrieren“) wird auch das Verstehen vereinfacht: Erkennt der Leser die Funktion eines komplizierten (Ab-)Satzes, kann er einen Bezug zum Gesamttext herstellen und sich leichter seinen „eigenen Reim“ darauf machen – auch wenn er den konkreten Inhalt nicht versteht. Wenn Sie feststellen, dass eine Passage eigentlich nur ein weiteres Detail oder noch ein überflüssiges Beispiel ist, das Sie gar nicht zum Gesamtverständnis benötigen, streichen Sie es einfach aus dem Text. Oder übersetzen Sie komplizierte Worte in einfaches Deutsch: „Der sekundäre Effekt dieser Prozedur kann sich äußerst negativ auf das Wohlbefinden auswirken“ wird so zu „Es können Nebenwirkungen auftreten“.

Beim Matrix-Lesen trennt man den Inhalt von der Textstruktur und kann so selektiver vorgehen und schneller verstehen. Gehen Sie dabei in drei Schritten vor:

1. *Trennen Sie den Text gedanklich in zwei Ebenen: in Inhalt und Funktion des Textes.*
2. *Finden Sie Funktion und Kernaussage eines jeden Textelementes heraus.*
3. *Haben Sie einen (Ab-)Satz „enttarnt“, springen Sie einfach zum nächsten Element.*

4.2 Die Kritikfähigkeit steigern

Beim Lesen „hinter den Zeilen“, der Matrix-Methode, sollten Sie nicht nur das didaktische Ziel des Autors (Was will er mir sagen?), sondern auch sein persuasives Ziel (Wozu will er mich überreden?) im Hinterkopf haben. Generell sollten Sie kritisch und selektiv an Ihre Texte herangehen.

Autorenwelt ist nicht Leserwelt
Autoren vermögen nicht jeden Leser gleich gut anzusprechen. Leser müssen Texte kritisch auswählen und an ihre Bedürfnisse anpassen, gerade wenn sie nicht zur Kernzielgruppe des Textes gehören. Wenn Sie beispielsweise komplizierte Fachartikel eines Wissenschaftsjournals wälzen, sollten Sie bedenken: Solche Artikel richten sich primär an Forscher und enthalten daher detaillierte Methodenbeschreibungen, die für Sie wahrscheinlich nebensächlich sind und nur das Verständnis erschweren.

Hüten Sie sich vor Pseudo-Informationen!
Journalisten und Autoren geben sich größte Mühe, ihre Leser zu unterhalten. Dabei bleibt der Inhalt eines Textes aber oft auf der Strecke. Wenn Sie beispielsweise nur bestimmte Informationen suchen, sind schöne sprachliche Verzierungen für Sie nur Ballast und Verschleierung. Sicher haben Sie das schon einmal erlebt: Sie kaufen ein Nachrichtenmagazin, weil Sie die Titelstory reizt, doch beim Lesen platzt der groß aufgezogene, aber inhaltsarme Ballon. Manchmal führt zu viel Unterhaltung eben auch zu Enttäuschung!

Welche Interessen stecken hinter einem Text?

Besonders im Internet ist Vorsicht geboten: Es gibt dort viele nützliche Informationen. Doch fragen Sie sich: Wer ist der Autor? Mit welchem Ziel schreibt er? Bei unbekannten Webseiten lese ich meist zuerst das Impressum, bevor ich mir den Artikel genauer ansehe. Bleiben Sie kritisch. Prüfen Sie, was sich hinter gern benutzten „Autoritätshelfern“ (ungeschützten Namensbezeichnungen) wie z. B. „Institut für ...“ verbirgt. Haben Sie von den gelobten „Studien“ schon mal gehört, von der gesundheitsfördernden Wirkung des angepriesenen Medikaments oder der Heilwirkung des empfohlenen Schnapses? Oft verbergen sich hinter solchen „Werbetexten“ die Urheber des Produkts selbst.

Um einen Text kritisch einzuschätzen, benötigen Sie eine Vorstellung vom Ziel des Autors. Fragen Sie sich: Wer ist der Absender und wer der Adressat des Textes?

Matrix-Lesen: Klasse statt Masse

Matrix-Lesen ist eine Alternative zum viel beworbenen, aber oft enttäuschenden Speed Reading. Die Techniken des Spead Readings sind eher für ein allgemeines Blicktraining und für die Lektüre von leichten Texten wie Zeitungen oder Romanen geeignet. Bei Fachtexten gilt: Mehr Informationen in kurzer Zeit aufzunehmen ist nicht unbedingt besser, da das Gehirn Zeit für die Verarbeitung braucht. Achten Sie lieber aber auf „Informationshygiene“ und lassen Sie Überflüssiges weg.

Seien Sie besonders kritisch im Umgang mit Texten: Nicht jeder Abschnitt ist für Sie geschrieben: Picken Sie sich die für Sie relevanten Abschnitte heraus.

4.3 Der Schlüssel zum Text (Makro-Ebene)

Wie sein Autor, so hat auch ein Text einen ganz bestimmten Charakter. Diesen Charakter und die Struktur eines Textes kann man mithilfe verschiedener Kategorien beschreiben, die einem die Dechiffrierung des Textes erleichtern. Im Folgenden betrachten wir zunächst die Charakteristika des gesamten Textes (Makro-Ebene), anschließend zoomen wir in einzelne Abschnitte und Sätze hinein (Mikro-Ebene).

Die Textdichte

Manche Texte sind inhaltlich so stark verdichtet, dass man sehr konzentriert lesen muss: Jeder Satz enthält wichtige Informationen, die in der Folge nicht wiederholt werden: Sie werden beispielsweise in einem Lexikon keine Doppelungen in Form von Reformulierungen, Einleitungen oder Zusammenfassungen finden. Das andere Extrem sind „Laber-Texte", die nur 1-2 Kernaussagen haben, aber diese permanent und an verschiedensten Beispielen erläutern, bis auch der letzte Leser gelangweilt ist. Dass man dieselben Informationen auf 20 oder 200 Seiten unterbringen kann, beweist die Wissenschaft: Oft werden erfolgreiche Journal-Artikel, bei denen die Untersuchungsergebnisse auf 20 Seiten komprimiert sind, zu Büchern um- bzw. ausgeschrieben: Mehr Details kommen dazu, mehr Beispiele, mehr Ausschmückungen, Illustrationen und Unterhaltungselemente. Die Kerninformationen jedoch bleiben gleich. Die Textdichte nimmt ab, das Verständnis wird aber erleichtert.

Suchen Sie aktiv textliche Abkürzungen: Einführungsbücher, kleine Taschenguides, Wikipedia etc.
Welche Textart Sie bevorzugen sollten, sofern Sie eine Wahl haben, hängt von Ihrem Vorwissen ab: Ist es gering, eignen sich locker geschriebene Texte besser zum Einstieg, sind Sie bereits mit dem Themengebiet vertraut, fällt es Ihnen leichter, die Fachbegriffe und Fremdwörter auch in komprimierten Texten schnell zu verarbeiten.

Der Textcharakter

Sachlich, wissenschaftlich-komplex, heiter, unterhaltsam, illustrativ, metaphorisch, ironisch, lebendig: Ein Text kann viele Ausprägungen haben. Die eine oder andere Schreibweise wird Ihnen besser liegen. So gibt es Texte mit direkten oder indirekten Aussagen, bei denen Sie um die Ecke denken oder Ihre eigenen Schlüsse ziehen müssen, wie z. B. bei der Ironie. Wählen Sie nach Möglichkeit Texte aus, die für Sie angenehm sind und Ihrer Denkstruktur entsprechen.

Die Argumentationsstruktur: Induktiv oder deduktiv?

Bei der induktiven Argumentationsführung werden zunächst Beweise, Beispiele und Gedanken gesammelt, die im Laufe des Textes verdichtet werden. Daraus wird eine These, Theorie oder Kernaussage abgeleitet. Ein typisches Beispiel sind Wissenschaftstexte. Hier rate ich Ihnen: Quälen Sie sich nicht von vorn bis hinten durch alle Details, fangen Sie hinten beim Ergebnis an, lesen Sie dann die Einleitung/Fragestellung und dann häppchenweise, was Sie sonst noch interessiert!

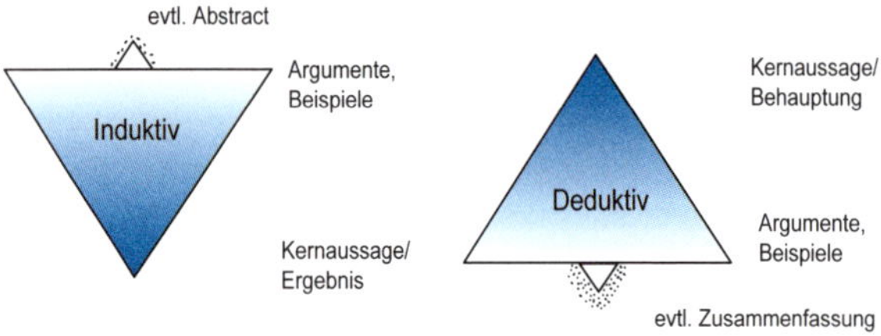

Deduktive Texte beginnen „top-down" mit einer Behauptung oder These und untermauern diese dann mit Argumenten. Die Schreibweise ist oft direkter, weniger abwägend und in Summe etwas leichter nachzuvollziehen.
Beim induktiven Schema sitzt die Kernaussage ungefähr beim zweiten Drittel des Textes, auch deduktive Texte haben eine hinführende Einleitung. Die kleinen Dreiecke in der Grafik deuten an, dass oft ein kleines Gegengewicht in Form eines überblickartigen Abstracts oder einer Zusammenfassung zu Beginn oder Ende der Texte angefügt wird.

Das Textgerüst

Ein Genre ist das Gerüst eines Textes, das Struktur und Gliederung beeinflusst. Ein wissenschaftlicher Artikel wird z. B. immer eine Literaturdiskussion, Methodenbeschreibung und Diskussion über weitere Forschungsmöglichkeiten enthalten. Geschäftsberichte enthalten Abschnitte über die Bilanz, die Kennzahlen und Personalpolitik. Wenn Sie diese sich wiederholenden Textbausteine Ihres Genres kennen, wissen Sie genau, wo Sie welche Informationen finden und welche Teile für Sie relevant sind.

Wortwahl und Ausdrucksweise

Textgenres zeichnen sich nicht nur durch typische Strukturen der Textarchitektur aus, sondern auch durch typische Wörter und Ausdrucksweisen. Oft sind einige Formulierungen auch „Codes“ zu dahinterliegenden Inhalten. Denken Sie an das berühmte „Er hatte sich stets bemüht“ in Arbeitszeugnissen oder das wissenschaftliche Konstrukt „ceteribus paribus“ (= unter sonst gleichen Bedingungen).

Die Intention eines Textes

Behalten Sie die Gesamtintention eines Textes im Auge: Geschäftsberichte haben Investoren im Visier und sind immer hoffnungsvoll-positiv; manche Wissenschaftsartikel wirken dagegen nur wie akademische These-Antithese-Argumentationsspiele. Andere Texte sind rein unterhaltsam, ohne inhaltliches Ziel.

Sie merken schnell, ob Sie sich beim Lesen eines Textes langweilen, weil er lose und repetitiv geschrieben ist, oder ob es kurz und knackig zur Sache geht. Das Kennen des Argumentationsschemas hilft, Schwerpunkte zu setzen. Man sollte immer erst die Kernaussagen enttarnen, bevor man sich die Mühe macht, alles zu lesen.

Die Intention eines Textes kann auch durch die Typografie beeinflusst werden. So kann eine optimale Lesbarkeit durch bestimmte Schriften, Schriftgrößen und Zeilenabstände erreicht werden. Umgekehrt können aber auch Inhalte bewusst „versteckt“ werden, denken Sie nur an das Kleingedruckte in Verträgen!

Auf der Makro-Ebene erfassen Sie erste wesentliche Elemente eines Textes wie das Textgenre, den Textcharakter, die Argumentationsstruktur, den Stil und die Intention des Autors.

4.4 Der Code von Absätzen (Mikro-Ebene)

Auf der Mikro-Ebene geht es darum, die Funktion eines Abschnitts zu erfassen. Sie kennen bereits die goldene Regel des Schreibens: Jeder Satz enthält im Idealfall einen Gedanken und jeder Abschnitt einen Gedankengang. Wenn nun ein Abschnitt weder wichtig noch interessant erscheint, kann er übersprungen werden. Diese „anlesende/überspringende" Lesetechnik ermöglicht ein rasches „Durchpflügen" des Textes für einen ersten Überblick. Diese Lesetechnik ist besonders bei den ersten Lesedurchgängen des Schichtenlesens (Kapitel 5) zu empfehlen: Nehmen Sie die einzelnen Aussagen der Absätze beim ersten Lesen zunächst nur zur Kenntnis und lesen Sie die Details erst beim nächsten Lesedurchlauf durch.

So erkennen Sie das Organisationsschema eines Absatzes
Absätze sind meist nach einem bestimmten Strukturschema aufgebaut. Hier einer meiner eigenen Absätze als ein typisches (deduktives) Beispiel:
Ein „Genre" ist das Gerüst eines Textes, das Struktur und Gliederung beeinflusst (= Definition/Kernaussage). *Ein wissenschaftlicher Artikel wird z. B. immer eine Literaturdiskussion, Methodenbeschreibung und eine Diskussion über weitere Forschungsmöglichkeiten enthalten* (= Beispiel 1). *Geschäftsberichte enthalten Abschnitte über die Bilanz, die Kennzahlen und Personalpolitik.* (= Beispiel 2). *Wenn Sie diese sich wiederholenden Textbausteine Ihres Genres kennen, wissen Sie genau, wo Sie welche Informationen finden und welche Teile für Sie*

relevant sind (= Bestätigung der Kernaussage, Nutzen des Gesagten für den Leser).

Der erste Satz gibt das Thema vor, leitet von dem Vorhergehenden über oder benennt schon die Kernaussage des Absatzes. In der Regel stecken die wichtigsten Informationen in diesem ersten oder in den ersten beiden Sätzen. Dann wird das Gesagte anhand von ein bis zwei Beispielen veranschaulicht oder mit Argumenten untermauert. Der Absatz schließt evtl. mit einem Gegenargument, welches das Hauptargument relativiert, zum nächsten Absatz überleitet oder nochmals ein Fazit zieht.

Typische Textelemente

Achten Sie auf die Funktionen der Sätze innerhalb eines Absatzes. Hier sind einige typische Textelemente mit ihrer jeweiligen Funktion:

Typische Textelemente	
Aussagen	Das neutrale Grundelement eines Textes.
Argumente	Hier wird eine Aussage mit Argumenten untermauert. Markieren Sie die Argumente zur Übersicht mit Nummern: 1./2./3./etc.
Beispiele	Beispiele veranschaulichen eine Aussage. Oft werden auch mehrere Beispiele gegeben – reicht Ihnen nicht auch eins zum Verständnis aus?
Einleitungen	Führen zum Thema hin und geben eine Übersicht. Wenn Sie sie nicht lesen, verpassen Sie aber nicht viele Informationen, denn diese werden normalerweise im Lauf des Textes wieder aufgegriffen. Ein Überfliegen der Einleitung reicht meistens aus.

Zusammenfassungen	Schön, wenn diese vorhanden sind. Lesen Sie zuerst die Zusammenfassung, um zu evaluieren, ob sich das detaillierte Lesen des ganzen Textes lohnt.
Fazit	Hier wird eine Folgerung aus Aussagen und Argumenten gezogen. Im Gegensatz zu einer Zusammenfassung, die bereits Gesagtes wiedergibt, werden hier neue Informationen vermittelt/es wird weitergedacht.
Definitionen	Diese detaillieren das Verständnis eines Begriffes. Vorsicht bei detaillierten/komplizierten Definitionen in Wissenschaftstexten: Zunächst genügt eine Idee davon, was gemeint ist!
Zitate	Sind Beiwerk. Sie schmücken den eigenen Text mit besonders schönen Worten anderer. Wirklichen Mehrwert bringen sie selten: Sie lesen den Text ja der Argumentation des Autors willen und nicht wegen der Aussagen anderer.
Exkurse	Kann man überlesen. Allerdings sind es die Infokästen, die die Lektüre auflockern und das Verständnis erhöhen können.

Sparen Sie Zeit, indem Sie sich die Satzkonstruktion erschließen. Lesen Sie nur die Hauptelemente oder Schlüsselindikatoren der Sätze und denken Sie sich den Rest dazu. Im Folgenden finden Sie ein paar Abkürzungsstrategien.

Nur die Hauptsätze lesen
Sätze sind oft verschachtelt. Konzentrieren Sie sich auf den Hauptsatz, der steht meist am Anfang, dann folgen Komma und Nebensatz. Oder springen Sie schnell zum Satzende, um die zweite Verbhälfte zu finden. Sonst wissen Sie bis zum Ende nicht, was vorn passiert.

Einleitende Satz-Indikatoren
Versuchen Sie, durch Erfassen der Schlüsselwörter oder der ersten Wortgruppe vorherzusagen, welche Funktion ein Satz haben wird. Beispiele: „Man kann dies am Besten sehen anhand ...“; „Zum Beispiel ...“.

Auf Redundanzen achten
Viele Sätze wiederholen zuvor Gesagtes. Seien Sie daher vorsichtig (und schnell mit dem Lesen) bei typischen Redundanz schaffenden Textelementen wie Einleitungen, Zusammenfassungen, Extra-Kästen und Bildern.

Auf der Mikro-Ebene befassen Sie sich mit der Funktion von Absätzen im Gesamttext und der Bedeutung von Sätzen innerhalb von Absätzen.

4.5 Markieren mit System

Erleichtern Sie durch das Anstreichen von Schlüsselinformationen das Leseverständnis und bereiten Sie den Text „mundgerecht“ für ein wiederholtes Lesen auf. Ebenso werden durch ein cleveres Markiersystem die feinen Unterscheidungen im Text herausgearbeitet. Zudem erreichen Sie, dass die logisch-strukturierte rechte Gehirnhälfte mit ihrem visuelleren und kreativen linken Konterpart zusammenarbeitet. Der lineare Leseprozess wird aufgelockert und Textelemente werden gewichtet: Durch Formen, Linien, Grafiken und Zeichencodes können Sie Ihren Text so aufbereiten, dass er leichter zu verarbeiten und besser merkbar ist. Passen Sie das Markieren dem Text und dem Ziel an, bewahren Sie aber jeweils Logik und Konsistenz. Hier einige Techniken und Vorschläge:

Wichtige Inhalte kennzeichnen

Wichtigkeit 	Linien am Rand sind die schnellste Kennzeichnungsmethode. Besonders geeignet für den ersten Lesedurchlauf und bei geborgten Büchern (dünne Bleistiftstriche). 1 Strich = Wichtig/Interessant 2 Striche = Sehr wichtig 1 dicke Linie = Sehr wichtig 1 Schlängellinie = Unklar/Nochmals durchdenken
Kreise 	Kreise lenken die Aufmerksamkeit auf wichtige Passagen und Schlüsselwörter. Kleine Kreise um Schlüsselwörter und Wortgruppen strukturieren den Text, große Kreise markieren den Inhalt und führen dazu, dass Sie beim Wiederholen noch mal den Kontext überfliegen.
Textmarker 	Wenn Sie einen Textmarker verwenden, seien Sie zurückhaltend beim ersten Lesen und streichen Sie nur Schlüsselwörter an. Oder markieren Sie Passagen mit einem senkrechten Strich an der Seite. Das lässt Ihnen die Möglichkeit, beim zweiten Mal die wirklich wichtigen Dinge zu markieren, die beim ersten Lesen noch nicht offensichtlich waren.

Dem Text Struktur geben

Bei den dann folgenden Lesedurchgängen können Sie andere Textmarkerfarben verwenden. Kennen Sie das Ampelschema zum Markieren von Gesetzestexten? Grün sind Gebote, rot sind Verbote in Gesetzestexten und gelb sind Wahlrechte. Ziemlich clever – sicher fällt Ihnen ein ähnliches Schema zum Codieren Ihrer Texte ein!

Trennungslinien 	Trennungslinien geben dem Text Struktur. Kennzeichnen Sie den Wechsel von Argumentationslinien, Unterthemen oder Gedankengängen mit Strichen zwischen Absätzen oder innerhalb der Paragrafen. Das Verständnis wird durch diese optische Hilfe vereinfacht.
Wegstreichen 	Streichen Sie Unwichtiges, Uninteressantes und Nebeninformationen (z. B. Quellenangaben) einfach weg. Hilfreich insbesondere beim zweiten Lesen – der Text ist nun wesentlich schlanker und leichter verdaulich, da Sie Nebeninfos nicht mehr verarbeiten müssen.

Führen Sie einen Dialog mit dem Text

Kommentare 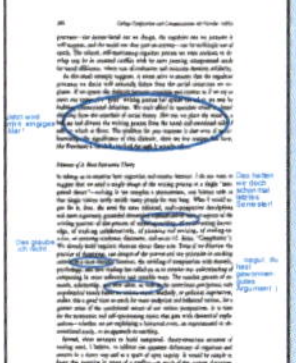	Schreiben Sie bei schweren Texten oder beim Lernen Anmerkungen, Ergänzungen und persönliche Beispiele neben die Zeilen. Diskutieren Sie mit dem Autor: Stellen Sie ihm Fragen, kritisieren Sie seine Argumente und teilen Sie ihm Aha-Erlebnisse mit. Das intensiviert die Verarbeitung und verankert sich besser durch geschaffenen Bezug zum Inhalt.

Ihre Geheimsprache: Persönliche Stenos

Markieren heißt nicht nur Anstreichen – vielmehr sollte beim Lesen ein „Übersetzungsprozess“ ablaufen: Zeichen und Abkürzungen (= „Persönliche Stenos“) unterstützen das aktive Erarbeiten des Textes, übersetzen die Elemente bildlich und erleichtern so das Wiederauffinden, Zusammenfassen und Memorieren des Textes.

Zeichen	Bedeutung
*A	Grundannahme
D	Definition
Dd	Später durchdenken
!	Wichtig
→	Daraus folgt
1) 2) 3)	Argumente
?	Wichtige Frage
☺	Positiver Effekt/Find ich gut
☹	Negativer Effekt/Gefällt mir nicht
←→	Gegensatz
→←	Einschränkung
F	Fazit
Z	Schönes Zitat
M	Nette Metapher
Bsp	Beispiel

Markiert man nichts, dauert es später lange, bis man wichtige Informationen wiederfindet. Pinselt man alles an, verlangsamt das den Leseprozess und hebt die „Goldstückchen" nicht heraus. Überlegtes Anstreichen von Schlüsselinformationen bereitet den Text gut auf und macht den Lesefortschritt sichtbar.

So lesen Sie selektiver, kritischer, schneller und mit mehr Verständnis

Erlesen Sie sich das „Global Picture" des Textes, weil Sie „matrixartig" nun den Text in seinem Inhalt, seiner Struktur und seiner Intention verstehen können.

Enttarnen Sie die Gesamtstruktur des Textes, die Intention des Autors und die Funktion einzelner Absätze.

Nicht jeder Abschnitt ist gleich wichtig.

Durch das Erkennen der Funktion einzelner (Ab-)Sätze können Sie diese leichter einordnen oder in Ihre Sprache übersetzen.

Überspringen Sie (Ab-)Sätze, wenn Sie vorhersagen können, dass der Inhalt nicht zum Verständnis beiträgt oder es nebensächliche Details sind.

Zur vollen Entfaltung kommt die Methode in Kombination mit der folgenden Schichtenlesetechnik.

5. In Schichten lesen

! Lesen Sie dieses Kapitel, um sich schwierige Fachtexte systematisch zu erarbeiten oder um sich stufenweise in ein neues Thema einzuarbeiten.

5.1 Schicht um Schicht zum Textverständnis

Sie werden oft mit komplexen Texten und vielen neuen Informationen und Fachwörtern konfrontiert, die Sie natürlich nicht alle gleichzeitig überblicken und in Beziehung setzen können. Die von mir entwickelte Lese- und Einarbeitungsmethode ersetzt das Denkmuster „Nur durch detailgenaues und gründliches Lesen kann man schwierige Texte verstehen“ durch ein neues, einfaches Paradigma: „Texte lieber mehrmals und zunächst oberflächlich lesen.“ Bei jeder Lese-Schicht wird ein tieferes Verständnis des Textes erarbeitet. Das Schichtenlesen ist dabei hierarchisch: Sie nehmen zunächst nur die wichtigsten Informationen auf, gehen später ins Detail und fassen das Ganze zum Schluss wiederum auf einer übergeordneten Ebene zusammen.

Warum in Schichten lesen?

Skelett: Das Gehirn braucht zuerst einmal einen Überblick, dann erst können die Details verankert werden.

Anknüpfung: Informationen sollten an vorhandenem Wissen anknüpfen. Denken Sie an die berühmten Eselsbrücken, die Brücken schlagen zwischen altem und neuem Wissen.

Verarbeitungstiefe: Durch aktives und variiertes Lesen ist die Verarbeitung tiefer. Informationen werden leichter verankert und länger behalten.
Längeres Behalten: Durch diese Methode erfassen Sie den Text anfangs zwar nicht in der Tiefe, dafür lesen Sie ihn öfter. Eine Information braucht mindestens sechs Wiederholungen über verschiedene Zeiträume, um im Langzeitgedächtnis verankert zu werden.

Das Gehirn – ein hochkomplexes Gebilde
Unser Gehirn ist ein hochkomplexes Gebilde, das mithilfe elektronischer Ströme durch Nervenbahnen („Synapsen") Gedanken und Erinnerungen erzeugen kann. Diese Synapsenverbindungen sind wie ein Straßennetz: Es ist umso besser, je mehr Verbindungen es gibt und je besser diese ausgebaut sind. Damit aber der Überblick nicht verloren geht, gibt es große, breite Hauptstraßen, die als Verbindungen zum schnellen Transport und vor allem zur Orientierung dienen.
Es gibt gut ausgebaute, schnelle Verbindungen (die Autobahnen) und kleine, feine Verästelungen für das Detailwissen (die Nebenstraßen). Zuerst interessieren immer die Hauptstraßen. Das Gehirn ist immer bemüht, sich einen Überblick zu verschaffen und die neue Information einzuordnen. Es orientiert sich zuerst an bereits Bekanntem, den häufig genutzten „Verkehrsknoten", und versucht, die neue Information in dieses Netz einzubauen.

Konzentrationsspannen richtig nutzen
Die Schichtenlesemethode nutzt die Konzentrationsspanne (siehe Kap. 2) effizienter: Nehmen wir an, Sie lesen

einen induktiv geschriebenen Text, z. B. eine wissenschaftliche Fachstudie. Sie brauchen dafür 2-3 Stunden. Am Anfang quälen Sie sich durch Methodenbeschreibungen sowie Abgrenzungen zu anderer Fachliteratur. So nehmen Sie Hunderte Details auf, bevor Sie zum Kern vordringen. Doch Ihre Konzentrationsspanne beträgt oft nur 45-90 Minuten. Danach, wenn der Text allmählich spannender wird, sinkt sie ab. Sie verstehen weniger, brauchen nun eine Pause, haben aber noch nichts Entscheidendes aus dem Text herausgeholt. Wenn Sie dennoch weiterlesen, überfrachten die neuen Details Ihren „Arbeitsspeicher" – sie können nicht mehr in Beziehung zu dem zuvor Gelesenen gesetzt werden.
Beim Schichtenlesen scannen Sie dagegen zunächst nur die Oberfläche des Textes ab. Das ist wie ein Helikopterflug über das Gelände – Sie sehen zuerst die Struktur und die größten Berge, bevor Sie tiefer in das Revier eintauchen. Durch den anfänglich schnellen Wechsel von Textteilen ist auch Abwechslung gewährleistet. Denn immer, wenn Tätigkeiten variiert werden, können wir uns auch länger konzentrieren.

Schichtenlesen als Kern des effizienten Lesens

Durch Schichtenlesen arbeiten Sie viel effizienter an Ihren Texten, weil Sie verschiedene Lesemethoden (Skimmen, Spead Reading, Markieren, Matrix-Lesen) kombinieren und hierarchisch vorgehen. Sie erfassen zunächst die Schlüsselbotschaften und entscheiden nach jedem Leseschritt, ob ein Weiterlesen noch Sinn macht. Sie können nach Schicht 1 und 2 oft schon an die 50 % des Inhaltes zumindest grob benennen, verstehen nach der dritten Runde bis zu 80 %, nach Runde 4 bis zu 90 %, und durch die aktive Verarbeitung erreichen Sie dann schließlich ein tiefes und nachhaltiges Textverständnis. Also: Entscheiden Sie vor jeder Leseschicht erneut, ob Sie bereits genügend Informationen haben. Wie viele Schichten Sie tatsächlich benötigen, um den Text zu verarbeiten, hängt von Ihrem Ziel und vor allem von der Textart ab. Hier werden sechs Schichten vorgeschlagen, an denen Sie Ihre Lesestrategie orientieren können.

Wer in mehreren Leseschichten liest, schafft Schritt für Schritt Verständnis für ein Thema. Jede Schicht wird einzeln erarbeitet und das Wissen wird immer tiefer im Gehirn verankert.

Schicht 1: Selektion und Kontext erfassen

Der erste Lesedurchgang ist quasi eine Kaufentscheidung: Hier prüfen Sie, ob Sie ein Buch oder ein Magazin überhaupt lesen wollen. Sie nehmen einen Text in die Hand, betrachten das Cover intensiv und lesen dabei Titel, Untertitel und den Klappentext. Dann schauen Sie hinein, überfliegen das Inhaltsverzeichnis und blättern durch die Seiten. Im Grunde genommen machen Sie das intuitiv genau richtig, denn das Wichtigste vor dem eigentlichen Lesen ist es zunächst, sich mit dem Text etwas vertrauter zu machen und ein Gefühl für Layout, Aufbau und Inhalt zu bekommen.

Eine Checkliste für den ersten Eindruck eines Buches:

- Gefällt es Ihnen?
- Worum geht es?
- Wer hat das Buch geschrieben?
- Verstehen Sie beim Querlesen die Worte des Autors?
- Aus welchem Kontext ist das Buch entstanden?
- Passt der Inhalt zu Ihrer Fragestellung?
- Welche Aspekte des Buches sind interessant?
- Können Sie Teile schon gedanklich streichen?
- Wie bewerten Sie dieses Buch?
- Wie viel Zeit möchten Sie dafür aufbringen?

In der ersten Leseschicht entscheiden Sie, ob sich das Weiterlesen überhaupt lohnt.

Schicht 2: Übersicht und „Haken“ schaffen

Im zweiten Durchgang machen wir den Text „lesefertig“, indem wir im Gehirn Strukturen erarbeiten und Vorwissen generieren. Inhaltlich werden die Struktur des Textes nachvollzogen, die Kernaussage(n) identifiziert und erste Konzepte verständlich gemacht. Dieser Schritt ist enorm wichtig, denn es fällt dem Gehirn sonst schwer, die Flut an Unbekanntem einzuordnen, in Beziehung zu setzen und zu speichern. Wollen wir neue Informationen verstehen und behalten, brauchen wir eine Art Netz mit vielen „Haken“, an denen die neuen Informationen hängen bleiben. Denken Sie an Ihren Kleiderschrank zu Hause: Mit vielen Bügeln und Schubladen können Sie die Dinge leichter einordnen.

Verschaffen Sie sich einen Überblick
Blättern Sie und überfliegen Sie erste Textpassagen. Machen Sie dabei erste vorsichtige Markierungen. Schlagen Sie Fremdwörter nach und googeln Sie im Internet, um erste Konzepte zu verstehen.

Strukturieren Sie den Text vor
Überlegen Sie, in welchen Teilen des Textes die Informationen verborgen sind, die Sie benötigen. Streichen Sie Unwichtiges bereits weg. Sie schaffen sich auf diese Weise erste Vorstellungen über den Inhalt, ohne dass Sie Details verstehen müssen.

Mit verschiedenen Informationsquellen arbeiten
Verwenden Sie zusätzliche Informationsquellen. Schlagen Sie Fremdwörter nach, erschließen Sie sich Fachwörter und Hintergründe in einem Lexikon und googeln Sie nach mehr Informationen. Manchmal findet man im Internet sogar komplette Buchzusammenfassungen!

Fragen aufschreiben und Ziele festlegen
Endpunkt und Ziel dieses Lesedurchlaufes ist es, die weitere Lesestrategie festzulegen. Wie gut und hilfreich schätzen Sie den Text ein? Wie detailliert wollen Sie ihn lesen? Welche Passagen und welche Art von Informationen sind für Sie die wichtigsten?
Schreiben Sie 2-4 Fragen an den Text auf, die Sie klären wollen, z. B.: „Wie beurteilt der Autor die Marktentwicklung im Sektor XY?“ Oder: „Was ist das Konzept der doppelten Buchführung und was sind seine Eckpunkte?“ So schaffen Sie einen Aufmerksamkeitsfilter,

der aufleuchtet, wenn Sie auf eine entsprechende Passage stoßen. Ihre Fragen haben auf der Titelseite oder über den Überschriften der einzelnen Kapitel Platz. Nützlich ist das Herausschreiben von unverstandenen und noch zu klärenden Begriffen. Dieses gezielte, informationssuchende Lesen ist besser als das passive, informationsaufnehmende Lesen.

Bereiten Sie in dieser Leseschicht Verankerungen in Ihrem Gehirn vor, um das Gelesene leichter zu verarbeiten, und bestimmen Sie konkrete Leseziele.

Schicht 3: Werden Sie zum „Textkenner"

In diesem Schritt erarbeiten Sie sich eine detaillierte Repräsentation des Textes. Sie werden dabei überwiegend in Ihrem natürlichen Lesetempo voranschreiten wollen, weil das Gelegenheit zum Mitdenken gibt. Vermeiden Sie dennoch Regressionen und seien Sie kritisch gegenüber dem Text. Streichen Sie Unwichtiges weg und haken Sie Offensichtliches mit einem „Habe-verstanden-Häkchen" ab.

Schreiten Sie zügig voran mit dem Ziel, keine Textpassage zweimal zu lesen. Wenn Sie etwas nicht verstanden haben, markieren Sie diesen Abschnitt mit einem Fragezeichen. Wenn Sie erst einmal durch den ganzen Text durch sind, wird Ihnen das Verständnis leichter fallen. Beißen Sie sich daher nicht die Zähne an schwierigen Textstellen aus, denn viele Hintergrundinformationen aus vorhergehenden Abschnitten sind noch nicht verarbeitet! Zudem folgen einer komplizierten Stelle ohnehin oft einfachere Erklärungen und Beispiele. Damit verstehen Sie diese auch ohne nochmaliges Lesen.

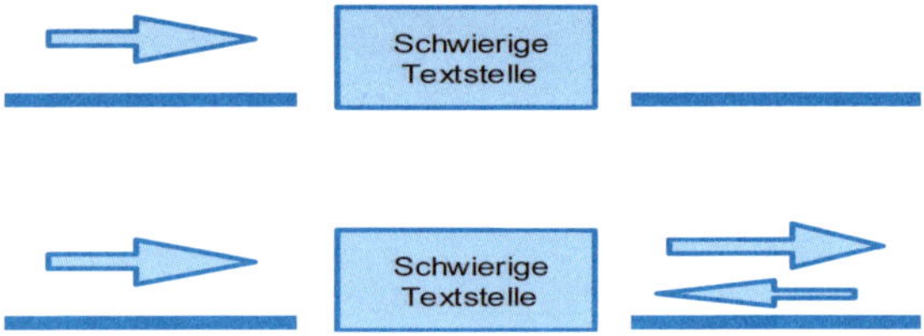

Lesen ist wie ein Puzzle – nach und nach wird das Bild zusammengesetzt.

Ein Text kann auch von „hinten" verstanden werden: Überspringen Sie zähe Textstellen, der Sinn erschließt sich oft hinterher durch den Kontext oder weitere Erklärungen.

Schicht 4: Werden Sie zum „Textperten"

Bei nicht sehr komplexen Texten ist dieser Zwischenschritt recht einfach (eventuell können Sie ihn auch überspringen und gleich zur Zusammenfassung und Anwendung schreiten – Schicht 5 und 6). Sie blättern nochmals durch die Seiten und führen sich den Inhalt erneut vor Augen. Oder Sie markieren zusätzliche Textstellen, die Sie herausschreiben wollen. Heften Sie unwichtige Seiten mit Heftklammern zusammen, damit schrumpft der Text optisch.
Handelt es sich aber um einen wirklich schwierigen Text, so ist dies nun der Zeitpunkt, in die Details zu

gehen und den Text aufs Äußerste zu zerlegen. Lesen Sie selektiv die wichtigen und unverstandenen Textpassagen. Haken Sie Ihre Fragezeichen ab, das gibt Selbstsicherheit und verdeutlicht den Verständnisgrad des Textes.

Tragen Sie beim Markieren eine weitere „Deckschicht" auf: Machen Sie vorhergehende vorsichtige Markierungen noch einmal mit einem stärkeren Textmarker deutlich oder kennzeichnen Sie mit einem Filzstift zusätzlich wichtige Schlüsselworte. Es darf ruhig bunt sein – solange Sie Ihre Logik dahinter nachvollziehen können.

Suchen Sie nach Inhalten, nicht nach Wörtern

Übersetzen Sie schwierige Satzkonstruktionen in einfaches, für Sie verständliches Deutsch. Schreiben Sie einige Sätze um, z. B. für Ihre imaginäre zehnjährige Nichte: Derart „kinderfest" ist der Satz wesentlich verständlicher. Trauen Sie sich, Ihr Verständnis mit eigenen Worten wiederzugeben, das zwingt zur aktiven Verarbeitung. Auch wenn Sie etwas unsicher sind – in den meisten Fällen haben Sie das Konzept wahrscheinlich schon richtig verstanden.

Die Shintaro-Methode

Während eines Studienaufenthaltes in Amerika arbeitete ich mit einem Japaner in einem mir fachfremden Gebiet zusammen. Wir sollten ein juristisches Memo schreiben. Als ich seinen Textentwurf gelesen hatte, war ich verwirrt: Weder kannte ich die juristischen Fachbegriffe, noch war ich damals in Englisch besonders gut. Und aufgrund seines kulturellen Hintergrunds hatte mein japanischer Kommilitone eine ganz andere Art, Dinge auszudrücken. Kurzum: Ich verstand kein einziges Wort! Ich wusste mir nicht anders zu helfen, als den folgenden Trick anzuwenden:

Shintaro-Methode

Ich schrieb die Kernaussage jedes Paragrafen, manchmal sogar jedes Satzes, neben den Text. Mein Kollege, „Shintaro", auf dessen Namen ich diese Methode seither getauft habe, hatte einfach eine derart andere Denkstruktur, dass ich mir Zeile für Zeile in mein eigenes „Krenglisch" übersetzen musste, um zu verstehen, was er eigentlich sagen wollte.

Diese Leseschicht dient zur gezielten Klärung noch verbleibender Unsicherheiten im Text.

Schicht 5: Texte zusammenfassen

Durch eine Zusammenfassung konservieren Sie Ihre Leseeindrücke, Aha-Erlebnisse und Ihr persönliches Fazit. Die aktive Verarbeitung und gezielte Suche nach Kerninformationen verbessert noch einmal das Verständnis und stützt die Erinnerung. Selbst wenn Sie den Text bisher noch nicht vollkommen durchdringen konnten, wenn noch Widersprüche verbleiben und Ihnen die Textstruktur oder Details nicht vollkommen klar sind – durch eine Zusammenfassung schaffen Sie Klarheit! Sie entscheiden, was für Sie überhaupt relevant ist, und müssen Details, die ohnehin nicht für Sie von Bedeutung sind, gar nicht mehr in der Tiefe verstehen. Durch die Komprimierung können Sie Zusammenhänge nun besser überblicken. Das Unsicherheitsgefühl verschwindet, wenn Sie das Themengebiet auf 2-3 Seiten verdichtet sehen. Das ist nun Ihr Werk: Ihr Wissen, das Ihnen keiner mehr nehmen kann! Sie können es jederzeit nachschlagen und können Ihr heutiges detailliertes Wissen auch noch in 10 Jahren abrufen! Wählen Sie dabei die für Sie passendste Methode:

Das persönliche Abstract
Schreiben Sie sich eine „Management-Summary“! Das persönliche Abstract ist die vielseitigste und umfassendste Methode der Textzusammenfassung. Wenden Sie ein wiederkehrendes Schema an, notieren Sie sich:

- **Titel, Autor und Jahreszahl**
- **Hintergrund**: Was ist der Anlass des Lesens?
- **Überblick:** Worum geht es? Was ist die Thematik?
- **Kernaussagen**
- **Interessante Details:** Nette Zitate, Grafiken, Fakten
- **Fazit/„lessons learned“** oder **Ideen zur Umsetzung:** In welcher Weise beantwortet dieser Text die von Ihnen verfolgte Fragestellung?

Grafische Verarbeitung
Diese Methoden sind zu empfehlen, wenn Sie den Text nicht nur wiedergeben, sondern weiterverarbeiten wollen.

Tipps zur grafischen Verarbeitung

- **Mind Maps:** Notieren Sie sich das Thema in der Mitte eines A4-Blatts und zeichnen Sie astartig einzelne Unterthemen und Fakten in das Schema ein.
- Alternativ können Sie die einzelnen Stichpunkte auch **zu Clusterwolken** verbinden, ordnen und zueinander in Beziehung setzen.
- **Flowcharts:** Visualisieren Sie die Kapitelstruktur oder Argumentationslinie mit Pfeilen.
- **Tabellen** und **Pro/Kontra-Listen** sind gut für den Vergleich mehrerer Standpunkte.

Das Kurzmemo/persönliche Fazit

Schreiben Sie auf das Deckblatt in 3-4 Sätzen oder Stichworten Ihr persönliches Fazit: Was haben Sie gelernt? Was halten Sie für den Kern des Textes? Das hilft beim späteren Wiedereinstieg in die Materie.

Beispiel: Persönliches Fazit
Textziel: Anwendung des Inhalts
„Autor X hat mir gezeigt, dass man mehr auf die Belange des Kunden schauen muss und sich von den Zwängen der Routine befreien sollte. Sein Hauptargument: Langfristige Kundenorientierung bringt Erfolg durch Vertrauen.“

Beispiel: Kritik
Textziel: Beteiligung am akademischen Diskurs
„Das Argument von X ist Y – und er begründet das mit A, B und C. Doch ich glaube, er übersieht D und E und bewertet die Effekte von A und B zu stark. Lediglich C finde ich beachtenswert, denn er zeigt, dass sich C mittelfristig negativ auswirken wird.“

Selbstanweisungen
Schreiben Sie auf das Deckblatt Ihres Textes, was Sie konkret mit dem Text tun wollen, z. B: „Zusammenfassen“; „Nochmals gründlich lesen“, „Im Meeting diskutieren“ oder „(Diese Quelle) in meiner Arbeit zitieren“.

Chronologische Notizen
Bei dieser Methode schreiben Sie ähnlich wie bei der Shintaro-Methode die Notizen an den Rand des Artikels oder fertigen ein extra Exzerpt an. Achten Sie auf eine gute Struktur, z. B. durch Zwischenüberschriften und Fettdruck. Doktoranden und Studenten können dabei gleich ganze Zitate mit Seitenzahlen übernehmen.

Das Zusammenfassen erleichtert eine zielgerichtete und aktive Er- und Verarbeitung des Textes.

Schicht 6: Die Verarbeitungstiefe steigern

Je abwechslungsreicher Sie den Lesestoff verarbeiten, desto besser. Die gesamte Schichtenmethode nutzt dieses Prinzip: Schicht um Schicht erarbeiten Sie sich das Textverständnis.

Reflektieren – Weiterdenken erlaubt
Denken Sie über persönliche Erlebnisse nach, die im Zusammenhang mit dem Text stehen: Haben Sie Ähnliches schon einmal erlebt? Stimmen Sie dem Autor zu oder haben Sie andere Erfahrungen gemacht?

Verbreiten Sie Ihr neues Wissen
Lassen Sie andere an Ihrem neuen Wissen teilhaben. Um das neue Wissen jemand anderem verständlich zu erklären, muss es gewichtet, strukturiert und neu sortiert werden. Damit wird Ordnung im Kopf geschaffen! Rückfragen und Kommentare festigen Ihr Wissen. Scheuen Sie sich nicht, stellen Sie selbst halb fertige Ergebnisse Ihres Projektes oder Ihrer Forschung Ihren Kollegen vor! Präsentieren Sie Ihre bisherigen Überlegungen und Erkenntnisse und diskutieren Sie gemeinsam mit den anderen die sich daraus ergebenden Fragen und nächsten Schritte. So eine externe Verstärkung wirkt Wunder für die Verarbeitung und Klärung der eigenen Gedanken.

Lesezirkel und Lerngruppen
Ein Lesezirkel macht Spaß und erhöht die Motivation, denn Sie verpflichten sich, Texte regelmäßig für Diskussionen aufzuarbeiten. Entweder Sie konzentrieren sich auf Hauptaussagen und diskutieren Anwendungen. Oder Sie zerlegen den „harten Brocken" und versuchen, Absatz für Absatz den Text gemeinsam zu verstehen.

Sofort anwenden
Wenden Sie Ihr neues Wissen sofort an: Lesen Sie einen Ratgeber nicht erst zu Ende, sondern lassen Sie sich Tag für Tag erneut inspirieren, schrittweise etwas an Ihrer Situation zu ändern. Versuchen Sie beispielsweise, Alltagsphänomene mit einer eben gelesenen Theorie zu erklären, und fragen Sie sich, inwiefern das Konzept des Autors auf Ihr Umfeld anwendbar ist.

Durchdenken und diskutieren Sie den Text und wenden Sie das Gelesene möglichst gleich aktiv an!

Passen Sie Ihre Leseschichten dem Text an

Die Schichten sind lediglich ein Grobraster. Orientieren Sie sich an der Methode und passen Sie diese flexibel der Textart an. Bei Fachtexten braucht man schon mal mehr Durchläufe, bis man alles verstanden hat. Bei einfacheren Texten kann man die 6 Schichten natürlich auch zusammenfassen:

1. Durchlauf: Überblick und Kernaussage bestimmen
2. Durchlauf: Lesen und evtl. markieren
3. Durchlauf: Zusammenfassen und/oder anwenden

6. Informationsmanagement

! Lesen Sie dieses Kapitel, um den Überblick über die Texte und To-dos zu bewahren und Informationen nicht zu verlieren.

6.1 Übersicht über die Leseaufgaben schaffen

Nun befassen wir uns mit der Organisation des Lesematerials. Ziel ist es, das Wissen langfristig nutzbar zu machen.

Ordnen Sie Ihren Lesestoff
Eine klare Übersicht über Ihre Leseaufgaben hilft, die Fäden in der Hand zu behalten.
Das wichtigste Ordnungsprinzip ist die Bündelung gleichartiger Gegenstände. Wenn Sie alle Sachen, die inhaltlich zusammengehören, auch am selben Fleck lagern, müssen Sie weniger Dinge im Blick behalten. Auch erzielen Sie mehr gedankliche Klarheit, indem Sie gleichartige Leseaufgaben zusammen lagern. Das gilt auch für das Bündeln gleicher Textarten beim Lesen: Wenn Sie überfällige „Spiegel" alle hintereinander durchlesen und dann erst alle Tageszeitungen, müssen Sie sich nicht immer wieder auf neue Textarten einstellen. Ihnen wird zudem bewusster, dass diese Medien alle eine wiederkehrende Struktur haben. Damit trainieren Sie gleich das Matrix-Lesen. Also: Ordnen Sie Ihre Texte zu Lesestapeln nach dem Prinzip „Gleiches zu Gleichem". Hier sind mögliche Unterscheidungen:

- **Gemäß ABC-Priorität (s. u.)**
- **Projektbezogen:** Ein Lesestapel für jedes Projekt.

- **Effizienzstapel:** Für Texte, die schnell & effizient gelesen werden sollen.
- **Zitieren/Zusammenfassen:** Für Gelesenes, aus dem Sie noch Zitate bzw. Informationen entnehmen wollen.

Mitten in den Weg legen!
Legen Sie die Stapel am Ort der Verwendung ab, also z. B. auf dem Couch- oder Nachttisch. Oder legen Sie einen Stapel mit „B-Informationen“ und „Nice-to-have“-Texten neben Ihre Bürotür, sodass Sie zum Feierabend daran erinnert werden, eine dieser Zeitungen auf dem Heimweg durchzublättern.

Priorisieren Sie
Priorisieren Sie nach Ihren wichtigsten Leseaufgaben z. B. durch die Unterscheidung A = „dringend zu lesen“, B = „langfristig wichtig“ und C = „Nice to have“. Legen Sie sich den wichtigsten Text am Abend auf den aufgeräumten Schreibtisch, damit Sie am nächsten Morgen gleich mit dem Lesen durchstarten können!

Geben Sie sich Selbstanweisungen
Schreiben Sie das nächste To-do (z. B. „nochmals überfliegen“, „Hauptpunkte herausschreiben“) oder den aktuellen Erkenntnisstand auf den Text oder eine Haftnotiz. Das spart beim nächsten Lesen Zeit, denn Sie finden sofort wieder Anschluss an den Text!

Überblick bei elektronischen Dokumenten
Legen Sie einen Ordner mit dem Namen „Zu lesen“ an und lagern Sie darin alle Dokumente, die Sie durchscannen oder überfliegen möchten. Besonders wich-

tige Texte legen Sie am besten auf dem Desktop ab. So werden Sie leichter daran erinnert. Sie können auch in Ihrem Browser Lesezeichen direkt in der Symbolleiste (unter der Adresszeile) einrichten.
Im E-Mail-Postfach hat sich ein „Zu-lesen-Ordner" bewährt, der alle Dinge enthält, die Sie in ruhigen Zeiten angehen können. Trennen Sie bei Bedarf diesen Ordner mit wichtigen Lesedokumenten von einem „News-Ordner", in den Sie durch Filterregeln alle Newsletter und allgemeine Firmeninfos hineinleiten und in Zwischenzeiten lesen.

Legen Sie Ihre Texte gemäß ihrer Funktion/Leseart dort ab, wo sie gebraucht und gelesen werden!

6.2 Kreieren Sie Ihre persönliche Bibliothek

Durch ein eigenes Dokumenten- und Bücherarchiv sichern Sie bessere Abrufbarkeit und Erinnerungsvermögen. Einen Text im Detail behalten und jederzeit sicher aus dem Gedächtnis abrufen zu können ist eine Illusion! Selbst bei intensiv verarbeiteten Texten werden Sie sich lediglich ein paar Hauptpunkte merken können. Deswegen sollten Sie den Aufwand nutzen und die Texte, die Sie gelesen haben, in einer „persönlichen Bibliothek" ablegen.

Legen Sie Fachordner an

Legen Sie Ordner an, in denen Sie diejenigen Infos sammeln, die in Zukunft nützlich für Sie sein könnten. Das können Fachgebietsordner sein (Logistik, Personal), in denen inspirierende und nützliche Texte gesammelt werden. Oder ein „Kompetenzordner", in dem Sie Artikel zur Persönlichkeitsentwicklung bündeln. Für Studenten und Doktoranden ist ein „Zitierordner" sicher eine gute Idee, in dem Schlüsseltexte abgelegt werden, auf die man immer wieder zurückgreift.

Sortieren Sie Informationen, nicht Medien
Bei vielen stapeln sich Zeitungen und Magazine, immerhin sind ja „interessante Artikel darin". Doch das ist recht unpraktisch: Sie brauchen ewig, um den Artikel wiederzufinden, den Sie gerade suchen. Trennen Sie lieber einzelne Beiträge von ihren Medien (Kapitel, Anzeigen oder Webseiten). Heften Sie diese einfach neben Ihren Rechner und checken Sie die Information in einer Pause. Ordnen Sie Artikel Ihren Fachgebiets- oder Kompetenzordnern zu.

Bücher nach Themen und Zugriffshäufigkeit sortieren
Wer kennt es nicht, das Durcheinander im Bücherschrank? Sortieren Sie nach Themen um, wobei Sie die wichtigsten Bücher in einem Regal in Griffnähe haben sollten – für die schnelle Referenz und gelegentliche Inspiration!

So wird der Computer zur Bibliothek
In einen Ordner mit der Aufschrift „Bibliothek" finden alle relevanten Texte Platz! Wahlweise können Sie Ihre virtuelle Bücherstube nach verschiedenen Kategorien trennen, aber achten Sie auf eine einfache und verständliche Einteilung!

Idee: Führen Sie ein Lektüre-Tagebuch
Schreiben Sie in ein Notizheft aus jedem Buch eine kurze Zusammenfassung und Ihre durch die Lektüre angeregten Gedanken. Fügen Sie Autor, Titel sowie Lesedatum hinzu. Wenn Sie es später einmal durchsehen, finden Sie darin ein Stück persönlicher Biografie!

Erstellen Sie eine kleine Bibliothek mit Artikeln, die Sie inspiriert, begeistert oder weitergebracht haben.

6.3 Halten Sie Ordnung!

Ordnung hat nichts mit Sturheit und Perfektionismus zu tun: Im Gegenteil, wenn man zu viel organisiert und ordnet, verschwendet man Zeit und findet im Endeffekt auch nichts wieder, weil man zu viel Kategorien angelegt hat. Die Mischung macht's:

Legen Sie lieber breite, klar abgrenzbare Kategorien an

Wenn Sie beispielsweise Texte unter „Dienstleistungsmarketing", „Marketing-Trends" etc. ablegen, ist die Untergliederung zu eng und Sie bekommen Zuordnungsprobleme. Also besser alles unter „Marketing" einordnen. Anders ist es, wenn Sie ein klar definiertes Abgrenzungskriterium haben: Bestimmte Dokumente lassen sich zuverlässig nach ihrem Verwendungszweck trennen: „Marktstudien für XY", „Geschäftsberichte", „Projekt-X-Protokolle".

Digitalisieren Sie!
Digitalisieren Sie die wichtigsten Dokumente und drucken Sie nur noch wenig aus.
Wenn Sie möglichst viele Dokumente im Computer bereithalten, sind die Papierversionen eigentlich überflüssig, vorausgesetzt, Sie sichern regelmäßig Ihre Daten. So können Sie ortsunabhängig arbeiten und durch effiziente Suchtechnologien schnell Dokumente und Schlüsselwörter finden.

Ordnungshüter
Werfen Sie jedes Mal, wenn Sie gerade einen Ordner durchsehen, doppelte, unwichtige oder uninteressante Dateien weg – somit finden Sie die wichtigen Dinge auch schneller wieder. Dies ist besonders wichtig bei Ihren Papier-Ablagen!

Größere Kategorien bei der Ablage sind besser, weil Sie so keine Zuordnungsprobleme bekommen und Suchzeiten verringern. Die digitale Ablage spart viel Zeit.

So beseitigen Sie den Lesestau

Schritt 1: Legen Sie sämtliche Texte auf einen Haufen (oder kopieren Sie diese im PC in einen Ordner) – das kann zunächst alles durcheinander sein: Themen, Textarten etc.

Schritt 2: Es geht los: Evaluieren und lesen Sie jedes Medium maximal 5-10 Minuten. Besser gesagt: Kleine Happen überfliegen Sie sofort, längere interessante Texte markieren Sie durch einen Knick, eine Büroklammer oder ein Post-it für das spätere Lesen.

Schritt 3: Werfen Sie so viel wie möglich in dieser ersten Bearbeitungsrunde weg – mindestens ein Drittel der Texte und Informationen! Reißen Sie noch zu lesende Texte heraus, tackern Sie diese und drehen Sie die Titelseite nach vorn (so wissen Sie später sofort, worum es geht).

Schritt 4: Bewerten Sie für jeden Text die Wichtigkeit, überlegen Sie sich, welche Textstellen Sie wirklich lesen müssen, und sortieren Sie diese zu verschiedenen Stapeln. Bilden Sie 3 Kategorien: A = Sehr wichtig. B = Texte, die zu überfliegen sind. C = Texte zur Weiterverarbeitung (abtippen, ablegen, an Kollegen geben etc.).

Schritt 5: Nun haben Sie Ordnung geschaffen. Lesen Sie entweder alle „B"-Informationen flüchtig durch oder beginnen Sie, den „A-Stapel" gemäß der Schichtenlesemethode hintereinander anzulesen.
Am Ende der 2-4-stündigen Session haben Sie jeden Text mindestens einmal in der Hand gehabt und priorisiert. Was für ein schönes Gefühl, wieder den Überblick erkämpft zu haben!